예수 방향으로 가라

Originally published in English under the title

THE SET OF THE SAIL

by A. W. Tozer

Copyright ⓒ 1986 by Zur Ltd.
Published by WingSpread Publishers,
a division of Zur Ltd.,
3825 Hartzdale Drive, Camp Hill, PA 17011, U.S.A.
All rights reserved.
Korean Translation Copyright ⓒ 2013 by Kyujang Publishing Company

A. W. 토저 마이티 시리즈(A. W. TOZER Mighty Series)

토저는 교인수의 성장을 위해서라면 대중의 인기에 야합하고, 거대 기업의 경영방식을 무차별 차용하고, 할리우드 엔터테인먼트 방식을 예배에 도입하는 것에 대해 통렬한 비판을 가하였다. 그는 현대의 교회가 물량적 성장을 위해서라면 교회의 순결성을 포기하는 듯한 자세를 보일 때는 그것을 좌시하지 않고 언제나 선지자의 음성을 발하였다. 듣든지 안 듣든지 이스라엘 교회의 세속화를 준엄히 책망했던 예레미야처럼, 토저도 시대에 아부하지 않고 하나님교회의 순정성(純正性)을 파수하기 위해 '강력한'(Mighty) 말씀을 선포했다. 그래서 토저는 '이 시대의 선지자'라는 평판을 들었다. 토저가 신앙의 개혁을 위해 외쳤던 뜨겁고 강력한 메시지를 이 시대의 우리도 들어야 한다. 말씀과 성령에 의한 개혁이 절실히 필요한 이때, 규장에서 토저의 강력한(Mighty) 메시지들을 'A. W. 토저 마이티(Mighty) 시리즈'로 출간한다.

"토저의 설교는 설교단에서 발사되어 청중의 마음을 관통하는 레이저 광선과 같다." – 워런 위어스비

예수 방향으로 가라

A.W. 토저 지음

이용복 옮김

THE SET OF
THE SAIL
DIRECTION FOR YOUR SPIRITUAL JOURNEY
A.W. TOZER

규장

이 세상을 살아갈 때 가장 중요한 것 중 하나는

우리가 어디에 있는가보다는 우리가 어느 방향으로 가고 있는가이다.

천국의 항구에 도달하기 위해 우리는 항해를 해야 한다.

때로는 순풍이 불고, 때로는 역풍이 불겠지만 아무튼 항해를 해야 한다.

표류해서도 안 되고 닻을 내리고 정지해 있어도 안 된다.

믿음의 돛을 달고
예수 방향으로 전진하라

이 책은 토저가 '기독교선교연합'의 교단지 〈연합 중인〉(The Alliance Witness)의 주필(主筆)로 일할 때 쓴 사설들을 엮은 것이다. 그의 다른 사설들과 마찬가지이지만, 이 책에 실린 그의 사설들은 삶의 한복판에서 태어났다. 다시 말해서, 하나님의 자녀들이 항해하는 거친 바다에서 태어났다. 그의 사설들은 언제 읽어도 도전과 유익을 주고 나를 깊은 사고로 이끌어준다.

또한 무엇보다도, 하나님과의 올바른 관계로 이끌어준다. 토저는 영적 성장을 위해 우리가 어떻게 해야 하는지에 대해 확실한 방법을 가르쳐준다. 그는 이렇게 힘주어 말한다.

"우리는 돛을 올리고 하나님의 뜻을 향해 나아가야 한다. 그러면 바람이 어느 방향으로 불든지 간에 우리는 올바른 방향으로 나아가고 있는 것이다."

해리 버플로

나는 지금 제대로 가고 있는가,
열심보다 방향이 중요하다

PART 1

세상 방향으로 가면 망한다,
타협의 다리에서 돌아서라   PART 2

우리의 최고 목적지는
예수님이 걸어가신 그 길이다

PART 3

좁은 길을 똑바로 걸어갈 때,
세상을 이기고 승리한다

PART 4

나는 지금 제대로 가고 있는가,

열심보다
방향이 중요하다

01

신앙의 결단

신학의 기본 명제 가운데 하나는 의지(意志)가 종교에서 중요한 요소라는 것이다. 왜냐하면 우리의 영적(靈的) 방향을 결정짓는 것은 감정이 아니라 의지이기 때문이다. 이 사실을 잘 말해주는 오래된 시(詩)가 한 편 있다.

바람은 한쪽으로만 불지만
어떤 이의 배는 동쪽으로 항해하고
다른 이의 배는 서쪽으로 가는구나
우리가 나아갈 방향을 결정하는 것은
바람이 아니고 돛이로다

중심을 잃고 줏대 없이 구는 오늘날의 종교에서는 쉽게 들을 수 없지만 성경에서는 많이 언급되는 것이 하나 있는데, 그것은 하나님을 섬길 때 '도덕적 결단'이 매우 중요하다는 점이다.

창세기에 보면 "야곱이 서원하여 이르되"(창 28:20)라는 표현이 나온다. 야곱의 서원은 하나님과 동행하는 놀라운 삶으로 나아가는 첫걸음을 내디딘 것이었다. 물론 그 후 여러 해에 걸쳐 그의 삶에 기복이 있었던 것이 사실이다. 다시 말해서, 그가 언제나 참된 하나님의 사람으로서의 모습을 보여준 것은 아니었다. 하지만 그럼에도 그의 처음 결심이 있었기 때문에 그는 본래 의도했던 길을 계속 갈 수 있었고, 결국 승리했다.

"다니엘은 뜻을 정하여"(단 1:8)라는 기록에서 알 수 있듯이 다니엘은 믿음으로 살겠다는 뜻을 굳게 정했고, 하나님은 그가 자신의 뜻에 따라 살 수 있도록 도와주셨다.

예수님은 강철 같은 의지적 결단을 통해 십자가를 향해 한 걸음 한 걸음 나아가셨다.

사도 바울은 "내가 너희 중에서 예수 그리스도와 그의 십자가에 못 박히신 것 외에는 아무것도 알지 아니하기로 작정하였음이라"(고전 2:2)고 말했다. 그런 결심이 있었기 때문에 바울은 학식 높은 철학자들에 의해 휘둘리지 않았고, 사람들이 어리석은 것으로 여기는 복음을 담대히 전했다. 사실 그는 당대 최고

의 지식인들 중 하나였지만, 복음을 위해 무식한 사람이라는
평판을 기꺼이 감수했다.

지금까지 언급한 몇 사람들 외에도 성경에는 하나님의 뜻을
행하겠다는 굳은 결심을 통해 높은 영성의 수준에 이른 사람들
이 많이 나온다. 그들은 향수 뿌린 구름을 타고 하늘나라까지
우아하게 올라가려고 애쓰지 않았다. 오히려 "굳건한 마음으
로 주와 함께 머물러 있으라"(행 11:23)는 교훈을 기꺼이 받아들
이고 굳게 결심하여 신앙의 길을 달려갔다.

믿음의 돛을 달아라

하나님의 나라에서는 우리의 의지(意志)가 우리의 존재 자체
로 해석된다. "너를 고발하여 속옷을 가지고자 하는 자에게 겉
옷까지도 가지게 하며"(마 5:40)라는 말씀에서 알 수 있듯이, 하
나님께서는 사람의 의지를 강제적으로 막지 않으신다. 하나님
은 우리의 의지를 없애버리길 원하지 않으시고 오히려 그 의지
를 거룩하게 하길 원하신다.

순종의 결단을 내리는 힘들고도 복된 순간에 우리는 우리의
의지가 영원히 깨어졌다고 느끼기 쉽다. 하지만 사실은 그렇지
않다. 우리의 영혼을 굴복시키실 때 하나님께서는 우리 영혼의
정상적인 능력들 중 그 어느 것도 파괴하지 않으신다. 오히려

그분은 우리의 의지를 깨끗하게 하시고, 우리의 의지가 그분의 의지와 연합하도록 하신다.

위대한 신앙인들의 기록을 읽어보면, 그들이 은혜의 순간에 서원을 했다는 사실을 알 수 있다. 하나님의 임재가 충만히 나타나 분명히 느낄 정도가 되었을 때, 그들은 하나님께서 그분의 거룩한 뜻을 이룰 힘을 주실 것이라고 확신했고 그래서 서원을 했다.

베드로처럼 인간적 자신감으로 충만하여 무책임한 말을 함부로 하는 것은 서원이 아니다. 그런 것은 다윗이나 다니엘에게서 볼 수 있는 서원, 즉 깊은 생각에서 나온 믿을 만한 서원과는 다른 것이다. 또한 자신의 말을 책임지지 못하고 어처구니없이 무너진 베드로를 보며 "서원은 도대체 할 게 못 되는구나"라고 말하는 것도 올바른 신앙적 태도가 아니다.

서원에 우리의 진심이 담겨 있을 때 비로소 진정한 서원이 된다. 하나님은 어떤 것이 일시적 충동에서 나오는 서원인지, 또 어떤 것이 경건한 마음에서 나오는 서원인지를 잘 아신다. 따라서 하나님의 뜻 안에서 돛을 올리자. 그렇게 하면 바람이 어느 방향으로 불지라도 우리는 올바른 방향으로 나아가고 있을 것이다.

02

마음과 생각이
예수를 향하라

마음속에 자리 잡은 죄

내가 볼 때, 모든 죄는 결국 '마음의 죄'라는 것이 밝혀질 날이 올 것이다. 육신적 마음은 하나님과 원수가 되고 그분의 법에 굴복하지 않으며 또 굴복할 수도 없다.

그런데 여기서 우리가 기억해야 할 것은 성경이 말하는 마음이 단지 지성만을 가리키는 것은 아니라는 사실이다. '마음'이라는 말에는 사람의 인격 전체가 포함된다. 다시 말해서, 마음에는 지성뿐만 아니라 의지(意志)의 성향, 도덕적 반응, 동정 그리고 반감 같은 것들이 포함된다.

하나님께서 인간의 사악함이 세상에 가득하다고 판단하셨을 때 그것은 단지 인간의 외형적 행동만을 보고 판단하신 것이 아니다. 이에 대해 성경은 "여호와께서 사람의 죄악이 세상에 가득함과 그의 마음으로 생각하는 모든 계획이 항상 악할 뿐임을 보시고"(창 6:5)라고 증언한다. 이 한 구절만 보더라도 우리는 죄가 인간의 마음속 깊은 곳에 자리 잡고 있다는 것을 알 수 있다. 마음속 깊은 곳에서 죄는 사람의 감정(욕구), 지성(상상), 그리고 의지(계획)를 오염시킨다. 감정, 지성, 그리고 의지를 모두 포함하는 한 단어가 성경이나 대중적 신학에서 사용되는데, 그것이 바로 '마음'이다.

우리 주님은 "마음에서 나오는 것은 악한 생각과 살인과 간음과 음란과 도둑질과 거짓 증언과 비방이니"(마 15:19)라고 말씀하셨다. 사람의 마음에서 흘러나오는 악에 대해 말씀하실 때 그분이 '생각'을 제일 먼저 언급하셨다는 사실은 매우 의미심장하다. 내가 볼 때, 죄가 먼저 생각 속에서 충분한 시간 동안 숙성하다가 감정을 자극하고 의지를 움직인 후에 비로소 행동으로 나타나는 것으로 보인다.

심지어 벌컥 화를 내는 것도 그렇다. 순간적으로 분노가 폭발하는 것이 언뜻 보기에는 마음속 깊은 곳에 뿌리를 둔 것처럼 보이지 않지만, 그것 역시 마음속의 감정이 폭발한 것이다. 화를 잘 내는 사람은 다른 사람들을 향한 공격적 감정을 평소에 품고 있기 때문에 스스로 폭발 직전에 와 있다가 어느 한순간에 그것을 폭발시키는 것이다.

만일 어떤 사람이 도덕적 문제들에 대해 건전하고 폭넓게 성찰했다면, 특히 하나님의 원수들을 위해 그리스도께서 십자가에서 죽으신 사건에서 나타난 하나님의 자비하심과 그리스도의 선하심에 대해 깊이 묵상했다면, 그런 사람은 짜증나는 일이 생긴다 할지라도 화를 폭발시키지 않는다. 무례하거나 불공평한 일을 당한다 할지라도 그런 사람이 보일 수 있는 최악의 반응은 불쾌감이나 가벼운 노여움이지 죄악 된 분노의 폭발이 아니다.

마음이 곧 행동이다

구약성경은 "침상에서 죄를 꾀하며 악을 꾸미고 날이 밝으면 그 손에 힘이 있으므로 그것을 행하는 자는 화 있을진저"(미 2:1)라고 말한다. 또 구약에서 시편 기자는 우리에게 "너희는 떨며 범죄하지 말지어다 자리에 누워 심중에 말하고 잠잠할지어다"(시 4:4)라고 가르친다. 구약의 이 두 구절에 따르면, 선한 행동이든 악한 행동이든 인간의 모든 행동은 마음속 깊은 곳에서 시작된다는 것이다.

사람의 마음은 자신이 좋아하는 어떤 한 가지 행동이나 일련의 행동들에 대해 곰곰이 생각하게 된다. 그런 생각이 자꾸 깊어지면 그런 행동에 대해 호의적인 감정이 생기게 되고, 그런 감정은 결국 의지를 움직여서 그런 행동들을 실제로 낳게 된다.

사람의 행동으로 나타난 죄가 너무 저질스럽고 육신적이기 때문에 사람들은 그런 끔찍한 죄가 마음속의 작은 생각에서 시작되었다고 믿기 힘들다. 예수님의 비유에 등장하는 어리석은 부자는 "심중에 생각하여 이르되 내가 곡식 쌓아둘 곳이 없으니 어찌할까"(눅 12:17) 했다. 심중의 생각이 사소한 것 같지만 그런 생각 때문에 그 어리석은 부자는 결국 자신의 영혼을 잃어버리는 선택을 하게 되었다.

우리의 모든 행동은 마음에서 나온다. 그러므로 우리의 마음이 곧 우리의 행동이다. 이것은 "모든 지킬 만한 것 중에 더욱 네 마음을 지키라 생명의 근원이 이에서 남이니라"(잠 4:23)라는 말씀이 분명히 가르치는 바이다. 회개도 하나님을 경외하는 마음에서 시작된다. 다윗은 "내가 내 행위를 생각하고 주의 증거들을 향하여 내 발길을 돌이켰사오며"(시 119:59)라고 말했다. 탕자는 자신의 의지의 동의를 얻어 자신을 낮추고 "내가 일어나 아버지께 가서 이르기를 아버지 내가 하늘과 아버지께 죄를 지었사오니 … 하리라"(눅 15:18,19)라고 속으로 말했는데 그렇게 하기 전에 먼저 그는 깊이 생각했어야 했다.

의지로 생각을 통제하라

그런데 우리의 흥미를 끄는 하나의 역설(逆說)이 있다. 생각이 의지에 깊은 영향을 미쳐서 의지로 하여금 결정을 내리게 하는 것이 사실이지만, 생각을 통제하는 힘이 의지에 있는 것역시 사실이다. 하나님을 향하는 의지는 지성을 움직여서 거룩한 것들에 대해 생각하도록 만들 수 있다. 만일 그렇지 않다면 바울이 빌립보교회의 신자들에게 한 다음과 같은 말은 심리학적인 면에서 정당화될 수 없을 것이다.

"끝으로 형제들아 무엇에든지 참되며 무엇에든지 경건하며 무엇에든지 옳으며 무엇에든지 정결하며 무엇에든지 사랑 받을 만하며 무엇에든지 칭찬 받을 만하며 무슨 덕이 있든지 무슨 기림이 있든지 이것들을 생각하라"(빌 4:8).

이 말에서 바울은 우리에게 어떤 것들에 대해 생각하라고 명령하는데, 우리가 우리의 생각을 통제할 수 있기 때문에 그는 그렇게 명령하는 것이다. 우리의 사고의 대상을 선택할 수 있는 능력이 우리에게 있다면, 결국 우리의 모든 내적 삶을 의(義)의 방향으로 향하도록 만들 수 있는 능력이 우리에게 있는 것이다.

우리 자신이 신령하다고 느끼는 것보다 훨씬 더 중요한 것이 있다. 그것은 우리가 경건한 생각을 하고 하나님의 뜻을 행하겠다는 의지를 갖는 것이다. 경건한 감정은 사람마다 서로 다를 수 있는데 실제로 보면 그렇다. 심지어 경건한 감정은 동일한 사람의 경우라도 때에 따라서 매우 큰 차이를 보인다.

그러므로 경건한 감정에 의지하는 것은 안전하지 못하다. 단호한 믿음의 행동을 통해 우리의 감정을 하늘의 것들에 고정시키자. 그러면 하나님께서 나머지 일들을 처리해주실 것이다. 가장 안전한 사람은 여호와를 의뢰하고 자기의 마음을 굳게 정한 사람이다(시 112:7 참조). 그런 사람이 결국 얼마 후에는 가장 복된 사람으로 드러날 것이다.

03

길을 잃은 인간

성경이 지닌 많은 놀라운 점들 중 하나는 진리를 한 문장으로 압축해 표현해준다는 것이다. 성경은 책꽂이를 가득 채울 만큼 많은 책이 설명해주어야 할 정도로 방대하고 복잡한 진리를 단 한 문장으로 요약해주는 탁월한 능력을 보여준다. 심지어 성경의 한두 단어도 마치 모세의 불기둥처럼 밝은 빛을 비추기 때문에 우리에게 많은 것을 깨우쳐준다.

한 가지 예를 들면, 예레미야서 10장 23절이 있다.

"여호와여 내가 알거니와 사람의 길이 자신에게 있지 아니하니 걸음을 지도함이 걷는 자에게 있지 아니하니이다"(렘 10:23).

이 구절은 여호와께서 우상의 헛됨에 대해 말씀하시면서 자신의 영광을 이교도 신들의 영광과 대조시키셨을 때 예레미야가 보인 반응을 기록한 구절이다. 예레미야의 외침은 인류의 본질적인 문제가 무엇인지를 꼭 집어서 잘 표현해주고 있다.

예레미야 선지자는 그의 외침에서 하나의 비유를 사용하는데 그것은 성경에 너무 자주 나오기 때문에 우리는 그것이 비유라는 것조차 의식하지 못할 정도이다. 그의 비유에서 인간은 과거에서 미래로 힘겹게 여행하는 나그네의 모습으로 등장한다. 인간은 자신이 단지 불완전하게 기억하는 과거로부터 출발하여 전혀 알지 못하는 미래로 여행을 하고 있다. 인간은 한곳에 머물 수 없고 아침마다 자신의 장막을 걷어 앞으로 나아가야 하는데 이때 큰 문제가 있다. 그것은 우리가 무엇을 향해 나아가느냐 하는 것이다.

길을 가는 자에게는 자명한 진리가 있는데 그것은 올바른 길을 선택해야 목적지에 도달할 수 있다는 사실이다. 우리가 얼마나 먼 길을 가느냐 하는 것은 중요하지 않다. 중요한 것은 우리가 옳은 길로 가고 있느냐 하는 것이다. 다시 말해서, 우리가 가고 있는 길이 결국 우리를 목적지로 데려다 줄 것이냐 하는 것이다. 언젠가는 우리의 길이 끝날 것이고 때로는 우리의 예상보다 일찍 끝날 것이다. 그 길의 끝에 섰을 때 어떤 날이 우리를 기다리고 있을까? 빛과 평안의 날일까? 아니면 "분노의 날이요 환난과 고통의 날이요 황폐와 패망의 날이요 캄캄하고 어두운 날이요 구름과 흑암의 날"(습 1:15)이 기다리고 있을까?

우리의 목적지는 어디인가?

성령의 감동을 받은 예레미야 선지자는 인간이 자기의 길을 알지 못한다고 증언한다. 사실, 예레미야 선지자뿐만 아니라 창세 이후의 모든 거룩한 선지자들과 우리 주 예수님과 사도들도 동일하게 증언한다. 인간은 자기의 목적지가 어디인지를 거의 모른다. 그 목적지에 도달하기 위해 어떤 길을 선택해야 할지는 더욱 모른다. 근심이 가득한 도마는 예수님께 "주여 주께서 어디로 가시는지 우리가 알지 못하거늘 그 길을 어찌 알겠사옵나이까"(요 14:5)라고 물었는데, 그의 질문은 만인을 대변한 질문이다.

우리는 사람의 길이 자신에게 있지 않다는 사실을 솔직히 인정해야 한다. 고개를 숙이고 우리의 무지(無知)를 인정하는 것이 우리의 자존심에 큰 상처를 줄지라도 우리는 이 사실을 인정해야 한다. 자신의 무지를 깨닫고 인정하는 사람에게는 하나님의 자비가 임할 가능성이 있지만, 자신의 무지를 모르고 착각 속에 살아가는 사람에게는 더 깊은 어둠이 기다리고 있을 뿐이다.

철학적으로 말해서, 인간은 자기의 길을 잃었다. 만일 인간에게 그토록 오래된 곤경에서 벗어날 수 있는 지혜의 능력이 있었다면 인간은 벌써 옛날에 그렇게 했을 것이다. 탁월한 지적 능력을 지닌 사람들이 역사상 얼마나 많았는가! 그들이 얼마나 진지했는가! 그들은 인간 사상의 모든 갈래를 연구했고 길을 찾기 위해 광야와 숲을 샅샅이 뒤졌지만 결국 실패했다.

인류 최초의 타락자 아담은 충분한 시간을 갖고 자신의 운명에 대해 깊이 생각해보았을 것이다. 그후 펼쳐진 인류의 역사 속에서 인간은 "내가 어디에서 왔는가? 나는 누구인가? 왜 내가 여기에 있는가? 나는 어디로 가고 있는가?"라는 질문을 끊임없이 던져왔다. 최고의 지적 능력을 지닌 성실한 사람들 역시 이 질문을 가지고 씨름했지만 아무 소용이 없었다.

이런 질문에 대한 대답이 마치 땅속에 묻힌 보물처럼 어딘가에 묻혀 있다면 인류는 틀림없이 그 대답을 찾아냈을 것이다. 그동안 천재들이 그 대답을 찾기 위해 온 힘을 기울였기 때문이다. 그들이 삽으로 파보지 않은 지식의 땅은 하나도 없다. 그들은 인간 경험의 동산에서 바위의 갈라진 틈과 동굴까지 샅샅이 조사해보았다. 인류의 역사 속에서 그들은 그런 조사와 탐구를 철저히 자주 해왔다. 그러나 그럼에도 불구하고 인류의 근원적 질문에 대한 대답은 마치 존재하지 않는 것처럼 아직도 발견되지 않았다.

내가 곧 길이요 진리요 생명이니

철학적으로 말해서, 왜 인간은 잃어버린 존재일까? 그것은 인간이 도덕적으로나 영적으로 잃어버린 존재이기 때문이다. 인간의 지성이 인생의 근원적 질문에 대한 답을 찾을 수 없는 것은 그의 영혼 속에서 하나님의 빛이 꺼져버렸기 때문이다. 인류의 죄에 대한 성령의 무서운 질타가 사도 바울이 기록한 로마서 앞부분에 조목조목 제시된다. 성령님의 질타가 정당하다는 것은 인류 최초의 역사로부터 현재까지 이어지는 만인의 행동에서 입증된다.

로마서에 나오는 성령의 무서운 질타를 들어보자.

"하나님을 알되 하나님을 영화롭게도 아니하며 감사하지도 아니하고 오히려 그 생각이 허망하여지며 미련한 마음이 어두워졌나니 스스로 지혜 있다 하나 어리석게 되어 썩어지지 아니하는 하나님의 영광을 썩어질 사람과 새와 짐승과 기어다니는 동물 모양의 우상으로 바꾸었느니라 … 그들이 하나님의 진리를 거짓 것으로 바꾸어"(롬 1:21-23,25).

이 말씀 다음에도 인류의 어두운 죄악상을 고발하는 책망의 말씀은 계속 이어지면서 그 강도(強度)를 더해간다. 책망의 말씀을 듣는 자들 중 양심이 남아 있거나 죄의 형벌을 두려워하는 자들은 심판자 하나님의 얼굴을 바라보지 못하고 고개를 숙이며 "하나님이여 주의 인자를 따라 내게 은혜를 베푸시며 주의 많은 긍휼을 따라 내 죄악을 지워주소서"(시 51:1)라고 부르짖지 않을 수 없다.

성경을 떠나서는 올바른 철학이 우리에게 불가능하다. 예수 그리스도를 떠나서는 하나님에 대한 참된 인식이 불가능하다. 우리에게 영적 힘을 주시는 성령을 떠나서는 하나님을 기쁘시게 해드리는 도덕적 삶을 살 수 없다.

"내가 곧 길이요 진리요 생명이니"(요 14:6)라고 말씀하신 예수님이 우리에게 계시다는 것이 얼마나 감사한 일인가! 아무리 감사해도 지나치지 않다!

04

방향이 잘못된 헌신은
소용없다

잃어버린 헌신의 의미

오늘날 발견되는 한 가지 아이러니가 있다. 그리스도인들이
사용하는 단어가 오히려 세상 사람들에 의해 더 사용되는 현상
이 바로 그것이다. 세상 사람들이 사용하는 그 단어는 본래 그
리스도인들이 의미한 것과 동일한 것을 의미하지는 않지만 그
래도 그와 비슷한 것을 의미한다.

그 단어는 바로 '헌신하다'(dedicate)이다. 이것은 성경에서 직
접 유래한 거룩한 개념을 표현하기 위해 과거 여러 형태로 사
용되었던 단어이다. '헌신하다'를 표현하기 위해 성경에서 사
용된 단어와 정확히 맞아떨어지는 영어 단어가 흠정역 성경
(KJV, 영국 왕 제임스 1세의 명령에 따라 만들어져 1611년에 발간된 영
역 성경)에서 발견되지 않는 것은 사실이다. 하지만 이 단어에

담긴 개념만큼은 창세기에서 요한계시록까지, 또 온 유대 역사와 온 기독교 역사에서 도도히 이어지고 있다.

'헌신하다'라는 단어에 큰 변화가 일어난 것은 근래의 일이다. 최근 몇 년 동안 이 단어에 의미론적 변질이 일어나 이 단어는 거의 완전히 세속화되었다. 그런데 묘하게도 사전에 기재된 이 단어의 정의(定義)는 부지중에 이 단어의 본래 의미를 오히려 잘 드러내준다. 최근 한 사전에 나온 '헌신하다'라는 단어의 정의를 살펴보면 '신적 존재를 섬기거나 경배하기 위해 전념하다', '특정 목적을 위해 따로 구별해 놓다', '책을 헌정하다'와 같다. 이 정의는 우리에게 헌신에 대한 나름대로의 영적(靈的) 해석을 제공해준다.

물론, 나는 단지 말을 가지고 왈가왈부하고 싶지는 않다. '헌신'이라는 말이 현재 어떻게 쓰이든 간에, 이 말에 대한 최근 사전들의 정의가 어떻든 간에, 이 말의 과거 의미는 과거 의미로 돌리고 또 이 말의 현재 의미는 현재 의미대로 사용하면 된다.

다만 내가 우려하는 것은 사람들이 땅과 하늘을 혼동하고 이 세상과 저 세상을 혼동하는 것이다. 세속적인 것들을 표현하기 위해 경건한 단어들을 빌려서 사용하면서도 자신들이 무슨 짓을 하는지조차 모르는 사람들이 있기 때문에 내가 걱정하는 것이다.

그런 사람들이 사용하는 단어들 중 하나가 바로 '헌신'이라는 말이다. 이 단어의 근본적 의미가 변질되었기 때문에 이 말은 더 이상 경배의 언어가 아니다. 이 단어가 과거에 의미했던 것을 표현할 수 있는 새로운 단어를 만들어내야 할 필요성을 그리스도인들이 아직까지 충분히 느끼지 못하는 것은 참으로 우려스런 일이다. 내가 볼 때, 우리는 이 단어를 잃어버렸을 뿐만 아니라 이 단어에 담긴 개념까지도 잃어버린 것 같다.

변질된 기독교의 개념

상황이 이 지경에 이르게 된 원인 중 하나는 현재 사람들이 '복음'과 '그리스도'를 잘못 이해하고 있기 때문이다. 현재 사람들은 그리스도의 말씀에 담긴 절박함을 거의 느끼지 못하는 것 같다. 이렇게 된 원인은 기독교의 메시지가 '진리의 엄중한 선언'에서 '상대방의 눈치를 보며 건네주는 초대장'으로 변질되었기 때문이다. 물론 복음 선포에 초대의 의미가 담겨 있는 것은 사실이지만 현재 기독교의 메시지는 초대의 의미를 너무 많이 담고 있다. 초대의 의미 쪽으로 너무 기울어버린 이런 현상은 성경이 보여주는 건전한 균형을 깨뜨린 잘못된 편중이다. 이런 편중 때문에 진정한 그리스도가 잘못된 그리스도에 의해 밀려났다.

오늘날 사람들의 머릿속에 박힌 그리스도는 횃불을 들고 양들을 찾아 돌아다니는 그리스도, 자신의 정당성을 변명하는 그리스도, 유약한 표정으로 호소하는 그리스도이다. 이런 그리스도는 요한이 증언한 하나님의 아들이신 그리스도와는 다른 존재이다. 요한은 그리스도에 대해 이렇게 증언했다.

"촛대 사이에 인자 같은 이가 발에 끌리는 옷을 입고 가슴에 금띠를 띠고 그의 머리와 털의 희기가 흰 양털 같고 눈 같으며 그의 눈은 불꽃같고 그의 발은 풀무불에 단련한 빛난 주석 같고 그의 음성은 많은 물소리와 같으며"(계 1:13-15).

엷은 미소를 머금고 다소간 당혹스런 표정을 짓는 그리스도는 하나님의 그리스도가 아니다. 화가들은 잘못된 그리스도의 이미지를 세상에 퍼뜨리는 데 일조했는데, 그런 의미에서 그들은 부지중에 우상숭배의 죄를 범한 것이다.

우리의 주님이 진정 어떤 분이신지를 정확히 알려줄 수 있는 분은 오직 성령님이신데, 그분은 그림물감을 가지고 우리에게 그리스도를 알려주시지 않는다. 성령님은 우리 육신의 눈에 그리스도를 보여주시는 것이 아니라 우리의 영에 그리스도를 나타내주신다.

헛된 일에 헌신하는 사람들

성실하게 자신의 일을 열심히 하는 사람을 가리켜 신문이나 뉴스 등 언론에서는 '헌신적인 사람'이라고 부른다. 야생동물의 서식지나 천연자원을 보호하는 캠페인을 벌이는 사람도 '헌신적인 사람'이라고 불린다. 야구선수나 경주용 차를 모는 사람도 그렇게 불린다. 얼마 전 투우에 열광하는 어떤 젊은이가 그 잔인하고 위험스러운 경기를 옹호하면서 내게 열변을 토했다. 특히 그는 스페인 투우사들이 투우장에서 목숨을 아끼지 않고 싸운다는 점을 강조하면서 이렇게 말했다.

"투우사는 자기의 일에 헌신적이기 때문에 목숨을 아끼지 않는 것입니다. 사람들은 황소가 죽임을 당하는 것을 볼 때 느끼는 스릴을 즐깁니다. 사람들에게 그런 스릴을 제공하기 위해 투우사는 목숨을 겁니다."

그 젊은이의 말대로 소위 헌신적인 투우사는 어처구니없는 일에 목숨을 걸기 때문에 상을 받을 수도 있을 것이다. 그 투우사는 가장 어리석은 방법으로 자기의 인생을 낭비하려고 애쓰는 모든 사람들 가운데 무관(無冠)의 챔피언으로 우뚝 설 수도 있을 것이다. 그러나 그는 헛된 일에 헌신하는 것이다.

헛된 일에 헌신하는 사람은 투우사뿐만이 아니다. 하나님이 아닌 다른 어떤 사람이나 어떤 일에 그토록 헌신하는 것은 고상한 능력을 지극히 추하게 사용하는 것이기 때문에 결국에는 슬픔과 실망을 안겨줄 것이다.

오직 하나님께만 헌신하라

하나님께서 자신의 형상으로 만드신 인간의 온전한 헌신을 받아야 할 분은 오직 하나님이시다. 아무리 가치 있는 것이라 할지라도 하나님이 아닌 다른 어떤 것에 우리의 삶을 바치는 것은 우리의 인생을 하찮은 인생으로 만드는 것이다. 돈, 지위, 명예 등이 우리의 헌신의 대상이 될 수는 없다. 미술, 문학, 음악도 마찬가지이다. 지극히 고상하고 이타적인 일이라 할지라도 하나님을 떠난 것이라면 우리의 온전한 헌신의 대상이 될 수 없다.

예를 들어보자. '자유'라는 대의를 위해 온전히 헌신하다가 목숨까지 바치는 것은 매우 감동적인 일이다. 자유를 위해 목숨을 바친 사람들이 역사 속에 영웅으로 기록된 것도 사실이다. 하지만 우리의 온전한 헌신의 최종적 대상이 되어야 할 분은 오직 '자유의 하나님'이시다.

현대사회의 각 분야는 사람들에게 많은 노력을 요구하기 때문에 사람들은 자기의 분야에서 헌신적으로 일해야 한다고 느낀다. 하지만 우리는 조심해야 한다. 내 생명을 요구할 수 있는 진정한 권리를 가지신 분은 나를 속량하기 위해 자신의 생명을 내어주신 분뿐이다.

만일 내가 하나님께 온전히 헌신한다면 나는 하나님의 영의 인도하심에 따라 가치 있는 선한 일에 뛰어들 수 있을 것이다. 그러나 하나님께 온전히 헌신하지 못한다면 잘못된 길로 들어선 것이기 때문에 결국에는 아무런 열매 없이 손해를 당하게 된다.

05

하나님을 추구하는
복을 누려라

세상을 추구하는 사람들

그리스의 수학자이자 철학자인 피타고라스는 사람을 세 부류로 나누었다. 첫째는 지식을 추구하는 자들이고, 둘째는 명예를 추구하는 자들이고, 셋째는 소득을 추구하는 자들이다.

물론 이것은 편의상 만들어낸 자의적(恣意的) 구분이다. 다른 구분들과 마찬가지로 피타고라스의 이 구분도 사람의 특성을 너무 일반화시킨 것이기 때문에 이 분류 안에 구체적인 것들을 다 담아낼 수는 없다. 하지만 적어도 이 구분은 여러 곳을 여행하면서 관찰한 명석한 두뇌의 소유자가 내놓은 구분이다. 그렇기 때문에 우리는 그의 이야기에 귀를 기울여야 할 것이다.

소크라테스, 플라톤, 아리스토텔레스, 그리고 제논 같은 천재들을 배출하여 사상의 꽃을 활짝 피운 짧은 시기가 고대 그리스의 역사 속에 있었다. 그 짧은 시기가 시작될 무렵 그리스에 나타난 사람이 바로 피타고라스이다. 피타고라스는 수학자 겸 천문학자였지만 그에게는 강한 종교적 성향이 있었다. 높은 도덕성을 추구하는 그의 종교의 영향에 이끌려 그는 사회의 도덕적 기준을 끌어올리는 일에 헌신하는 종교적 성격을 띤 철학공동체를 창시했다.

사람들을 세 부류로 나눈 그의 구분을 현대사회와 결부해서 살펴보는 것이 절대적 교훈을 주지는 않겠지만 그래도 매우 흥미 있는 일이라고 생각된다.

먼저 지식을 추구하는 사람들은 더 이상 철학자들, 즉 '지혜를 사랑하는 사람들'이라고 불리지 않고 다만 지식 자체를 사랑하는 학자들, 교수들, 또는 과학자들이라고 불린다. 이런 사람들은 반짝거리는 지식을 최대한 많이 모으려는 충동에 사로잡힌 '지식의 잡동사니 수집가'이다. 그나마 다행스럽게도, 그들의 지식을 배우고자 그들과 똑같은 사람들이 수업료를 들고 그들에게 많이 몰려든다.

명예를 추구하는 사람들의 대표적인 유형은 정치가이다. 그들에게는 고질병 같은 욕구가 있는데 그것은 사람들의 입에 오르내리는 것이다. 사람들의 주목을 받기 위해 그들은 4년이나 6년마다 자신을 애국자로 포장하는 그럴 듯한 연설을 한다. 그들에게 주어지는 보상은 그들이 마음속으로 경멸하는 대중에게 갈채를 받는 것이다. 실로 그것이 그들에게 주어지는 보상이다!

법의 테두리 안에서 부를 축적하는 정직한 사업가로부터 불법적으로 돈벌이를 하는 사람에 이르기까지 다양한 사람들이 소득을 추구하는 사람들에 속한다. 불법적으로 돈을 버는 자는 도덕적으로 노상강도와 다를 바 없지만 사회적으로는 다르게 인식되는데, 그들은 지능이 높고 유식하며 일류 변호사를 고용하기 때문이다.

아무것도 추구하지 않는 사람들

방금 언급한 세 부류가 피타고라스가 이야기한 세 부류의 사람들이다. 그런데 나는 피타고라스가 왜 다른 두 부류를 빠뜨렸는지 궁금하다. 그 다른 두 부류는 아무것도 추구하지 않는 자들과 하나님을 찾는 자들이다. 이 두 부류의 사람들이 그의 시대에도 존재했던 것이 분명한데 그가 그들에 대해 언급하지 않은 것은 참으로 이상하다. 이제 이 두 그룹의 사람들에 대해 살펴보자.

아무것도 추구하지 않는 사람들은 생리작용과 본능으로 살아가는 식물인간 같은 사람들이다. 물론 지금 나는 선천적 장애나 사고 때문에 인간의 정상적 기능을 할 수 없는 사람들을 가리켜 말하는 것이 아니다. 나는 지금 하나님의 은혜로 말미암아 인간의 정상적 기능을 유지하는 수많은 정상적 사람들을 가리켜 말하는 것이다. 정상적 기능을 가졌음에도 불구하고 그들은 놀라운 지적 능력을 사용하지 않아서 무용지물로 만들고 만다.

이런 부류의 사람들에게 나타나는 뚜렷한 특징이 있다. 그들이 어떤 사람인지를 알려면 그들의 친구를 보면 된다. 신문을 읽을 때 그들은 대개 스포츠 면과 만화를 본다. 그들은 잡지 표지의 디자인에 열광하고 주간잡지의 시시콜콜한 기사들에 대해 입방아를 찧는다. 부담 없이 들을 수 있고 시끄러운 대중음악이 그들의 귀를 사로잡는다. 하루의 일과가 끝나면 집에 앉아 텔레비전을 보거나 차를 끌고 여기저기 돌아다니는 것이 그들이 하는 일이다.

그런데 이런 부류의 사람들이 국민의 대부분을 차지한다는 것은 불길한 징조가 아닐 수 없다. 이런 사람들이 우리가 자랑스럽게 추켜세우는 소위 유권자들이기 때문이다. 그들이 우리의 도덕적, 정치적 및 종교적 미래를 결정한다. 아, 세태여! 아, 세습(世習)이여!

하나님을 추구하는 복된 사람들

하나님을 찾는 사람들이 우리 가운데 있는 것에 대해 지극히 높은 곳에 계신 하나님께 감사하자! 그들은 이 땅의 소금이요, 세상의 빛이다. 조물주를 잊어버리고 살아가는 무수한 사람들에 비하면 그들의 숫자가 적은 것은 사실이지만 그래도 그들의 수를 다 합하면 상당한 무리가 된다. 무엇보다도 그들은 하나님께 사랑받는 자들이다.

오, 하나님께 굶주린 영혼들이여! 물론 그들의 본성이 불신자들의 본성과 다를 바 없으며, 그들의 행위가 때로는 불신자들보다 더 나쁜 경우도 있다. 그러나 그들이 택함을 받은 자들이라는 한 가지 증거가 있는데, 그것은 자신의 존재의 근원이신 하나님을 향한 끝없는 갈증이 그들에게 있다는 것이다. 깊은 것은 서로 통하는 법이다!

하나님을 향한 갈증이 있는 사람들은 거의 언제나 자신에게 실망한다. 야곱이나 다윗이나 베드로의 경우처럼, 그들이 한동안 세상 사람들에게 지탄을 받는 경우도 때로 생긴다. 그러나 아무리 많은 물을 뿌려도 하나님을 향한 그들의 사랑의 불을 끌 수 없고 아무리 큰 홍수가 나도 그들의 사랑을 물에 빠뜨려 죽일 수 없다. 하나님을 찾는 열정에 사로잡힌 그들은 결국 하나님께 도달한다. 그들이 돌아올 때 하나님은 은혜를 베푸시어 그들을 변화시켜주신다. 자책으로 가득한 과거에서 돌이켜 그토록 열망했던 새로운 자신의 모습으로 돌이키는 변화가 그들에게 허락된다.

그토록 현명했던 그리스의 철학자 피타고라스가 알지 못했던 것을 우리는 지금 알고 있다. 그것은 하나님께서 그리스도 안에서 세상을 자신과 화목하게 하시고 사람들의 죄를 그들에게 돌리지 않으신다는 것이다. 옛날 그리스의 시대에도 하나님을 찾는 사람들이 분명히 있었는데, 그들의 운명은 독생자를 보내어 세상의 생명을 위해 십자가에서 죽게 하신 하나님의 손 안에 있다.

이제 나는 마지막으로 한마디를 덧붙이려고 한다. 기독교 이전 시대에 하나님을 찾겠다는 소망에 따라 그분을 향해 이교도의 손을 뻗힌 사람들이 있었다. 반면 현재에는 복음에 대해 많이 들었지만 회개와 신앙을 거부하는 사람들이 있다. 장차 심판의 날에 전자의 사람들이 후자의 사람들보다 더 견디기 쉬울 것이다.

06

주님이 우리의
전부이시다

믿음은 그리스도 안에 있다

갓 회심(回心)한 어린 그리스도인이 배워야 할 것은 그에게
그리스도만 계시면 된다는 사실이다. 그리스도를 구주와 주님
으로 영접한 그의 믿음이 헛된 것이 아니라면 그는 자신이 하
나님 밖에 있는 모든 것과 모든 사람으로부터 독립했다는 것을
겸허히 선언할 수 있다.

이 사실을 신약성경은 분명히, 자세히, 그리고 힘주어 가르친
다. 나는 그렇게 가르치는 성경구절을 인용하지는 않겠지만,
궁금해 하는 사람이 있다면 그에게 성경에 나오는 요한의 글과
에베소서와 골로새서와 히브리서를 읽으라고 권하고 싶다.

현대 복음주의의 두드러진 특징 중 하나는 믿음의 확신이 없
기 때문에 성경 밖에서 믿음을 위한 확증을 얻으려고 애처롭게

몸부림친다는 것이다. 현대의 복음주의는 그리스도에 대한 믿음을 선포하면서 첫걸음을 내딛지만 얼마 못 가서 과학과 철학의 반론에 압도된다. 그리하여 복음주의는 한편으로는 내키지 않는 마음이 있으면서도 결국에는 자신의 믿음을 회복하기 위해 부수적인 증거를 찾아 주변을 둘러본다.

그리스도의 진리를 심리학이나 철학이나 과학과 조화시키려는 우리의 헛된 노력은 그리스도의 충족성(充足性)에 대한 확신이 우리에게 없다는 것을 말해주는 반증이다. 학식이 있다는 사람이 그리스도에 대해 좋은 말을 해주면 복음주의 사도들은 그에게 아첨하느라고 바쁘다. 이런 현상은 참으로 가관이다. 세상에서 크게 성공한 사람이 예수님에 대해 호의적으로 한마디 하면 우리는 그의 말을 견강부회(牽强附會)하여 "저렇게 유명한 사람도 예수님이 하나님의 아들이라고 믿는다"라고 대서 특필한다.

완전하신 그리스도에 뿌리를 두라

그리스도에 대해 증언하는 신약성경에 따르면, 하나님께서는 천하의 만민에게 회개하라고 명하셨는데, 심판의 날을 정하셨기 때문이다. 그 심판의 날에 하나님은 하나님이 임명하신 그리스도를 통해 세상을 의(義)로 심판하실 것인데, 이것에 대해 하나님이 주신 증거는 그분이 이루신 그리스도의 부활이다. 하나님은 그리스도의 선포를 언제나 확증해주신다.

그리스도는 그분 자신이 말한 그런 존재이시다. 그분은 그 누구 앞에 서서 심판을 받지 않으신다. 오히려 만인이 그분 앞에 서서 심판을 받아야 한다. 그리스도께서 죽은 자들로부터 부활하고 승천하신 후 그분의 최종적 증인으로 성령을 사람들에게 보내셨을 때 그분에 대한 모든 불확실성은 사라졌다. 삼위일체의 제2위이신 그리스도는 스스로를 확증하신다. 자연 세계나 인간 세계에서 오는 보충적 증거가 그분에게는 필요하지 않다. 하나님 자신이 그분을 확증하신다.

그리스도인의 신앙은 그리스도에게 뿌리를 둔다. 우리는 그리스도 위에 기초를 두며 그분 안에서 살아간다. 인간의 철학이 아무리 순수하고 고결하다 할지라도 그것이 그분께 어떤 도움을 드리는 것은 아니다. 그리스도는 플라톤이나 아리스토텔레스에게 아무 빚도 지고 있지 않다. 플라톤이나 아리스토텔레스가 이 세상에 태어나지 않았다 할지라도 그리스도는 과거나 현재나 영원토록 신성의 모든 충만이 육체로 거하는 분이시다 (골 2:9 참조). 하나님의 속량 사역은 현대 과학이 탄생하기 훨씬 전에 완성되었다. 하나님의 속량 사역은 현대 과학의 도움을 필요로 하지 않는다. 그리스도는 말 그대로 유일무이한 분이시다. 그분은 경건의 비밀이시요, 기적이시요, 특별한 목적을 이루기 위해 시간과 공간 안으로 들어오신 하나님이시다. 그리스도는 그분 자체로 완전하신 분이다.

전부 되시는 그리스도

우리 그리스도인들에게는 영적 삶이 있지만 이 세상을 살아가는 동안 자연적 삶도 있다. 자연적 삶의 차원에서 볼 때, 우리는 아담의 아들들로 철학과 과학에 빚을 지고 있기 때문에 그것들에게 늘 감사해야 할 것이다. 음악, 문학, 미술, 정치, 경제, 그리고 학문은 우리의 행복에 기여한다. 이런 것들은 우리가 하나님의 아들들의 나타남과 우리 몸의 속량을 기다리며 이 세상에서 살아가는 동안 이 세상을 더 행복한 곳으로 만들어준다.

따라서 우리에게 주어진 짧은 인생의 시간 동안 최대한 많은 지식을 쌓는 것은 좋은 일이다. 우리가 무엇을 배우든지 간에 그것이 참된 것이라면 그것은 내세에서도 우리의 소중한 자산이 될 것이다. 이런 이유들로 인하여 나는 교육의 가치를 믿는다. 가능한 한 많은 사람들이 가능한 한 많은 지식을 가능한 한 빨리 습득하는 것은 좋은 일이다.

이런 의미에서 학문과 예술을 추구하는 것은 좋은 일이지만 학문과 예술을 잘못 사용하는 사람들이 있어서 문제이다. 그들은 철학이나 과학 또는 인간의 뛰어난 지성의 산물을 그리스도에 대한 신앙과 동일시하려고 시도한다. 그러나 그리스도에 대한 신앙을 이런 것들의 토대 위에 세우는 것은 터무니없는 짓일 뿐만 아니라 거의 신성모독에 가깝다. 그리스도는 그분 자체로서 충분하시다. 다른 모든 것들이 사라지고 오직 그분만이 우리에게 계셔도 우리는 상상을 초월할 정도로 부요한 것이다. 다른 모든 것들이 있어도 그분이 계시지 않으면 우리는 우주의 거지인데, 영원히 중요한 모든 것을 잃어버린 것이기 때문이다. 따라서 우리는 다음과 같은 사도 바울의 말을 가슴 깊이 새겨야 할 것이다.

"너희는 하나님으로부터 나서 그리스도 예수 안에 있고 예수는 하나님으로부터 나와서 우리에게 지혜와 의로움과 거룩함과 구원함이 되셨으니 기록된 바 자랑하는 자는 주 안에서 자랑하라 함과 같게 하려 함이라"(고전 1:30,31).

07

나의 시선을 주님께
고정시켜라

우리의 최고 관심사

자신의 유익이나 취미생활을 위해 만들어진 크고 작은 단체
들이 있다. 이 세상에 존재하는 그런 단체들의 이름을 수록한
책을 한 권 만든다면 그 책의 두께는 상상을 초월할 정도로 두
꺼울 것이다.

일이나 취미생활을 추구하는 사람들은 그것에 더욱 집중하
여 큰 성과를 올리기 위해 연합회, 협회, 조합 같은 단체들을 만
든다. 그런 단체들 중 어떤 것들은 선하고 또 어떤 것들은 악하
지만 대개는 이것도 저것도 아닌 중립적인 것이다. 특정 단체
가 추구하는 분야에 관심이 없는 사람들이 보기에는 그 단체의
일이나 취미생활이 재미없거나 우스꽝스럽게 느껴질 것이다.
하지만 그런 단체라 할지라도 거기에는 반드시 열정적인 사람

들이 있기 마련이다. 그들은 그 단체의 일이나 취미생활에서 가장 큰 기쁨을 느끼기 때문에 그 단체에 목숨을 건다.

수없이 많은 단체들 중 아주 특별한 단체가 있다. 그 단체에 속한 회원들의 온전한 열정은 하나님을 향한다. 그 단체는 바로 교회이다. 교회는 복음 때문에 생긴 단체이다. 복음은 하나님에 관한 것이며, 또 하나님과 인간 사이의 관계에 관한 것이다. 기독교는 하나님께서 인간의 삶에 임하시도록 하기 위해 존재하는 단체이다. 기독교는 하나님과 사람들 사이의 관계가 올바로 되도록 만들기 위해 존재한다. 기독교는 사람들이 하나님을 진정으로 알도록 만들기 위해 존재한다. 기독교는 그들이 하나님을 사랑하고 하나님께 순종하도록 가르치기 위해 존재한다. 궁극적으로 기독교는 그들에게서 사라져버린 하나님의 형상을 완전히 또 영원히 회복시키기 위해 존재한다.

영생이 무엇인지를 정의하기 위해 우리 주님은 "영생은 곧 유일하신 참 하나님과 그가 보내신 자 예수 그리스도를 아는 것이니이다"(요 17:3)라고 말씀하셨다. 그런데 이 말씀은 인간 존재의 최고 목적이 무엇인지를 완벽하게 요약해주는 말씀이기도 하다. 사도 바울은 "내가 그리스도와 그 부활의 권능과 그 고난에 참여함을 알고자 하여"(빌 3:10)라고 말했는데, 이것은 그의 삶을 지배하는 최고의 관심이 무엇인지를 잘 말해준다.

세상의 시선에 신경 쓰지 말라

교회가 가장 관심을 두어야 할 대상은 바로 하나님이시다. 그분께 온전히 집중할 때 교회는 가장 순수해진다. 교회가 하나님이 아닌 다른 것들에 관심을 쏟으면 그것들이 아무리 종교적이고 아무리 인도주의적이라 할지라도 교회는 하나님으로부터 멀어지는 것이다. 다른 것들에 관심을 쏟는 만큼 하나님으로부터 멀어진다.

교회가 추구할 수 있는 유익하거나 고상한 일들은 무수히 많다. 교회가 그런 일들을 하면 세상 사람들에게 큰 칭찬을 받겠지만, 그런 것들은 교회의 온전한 헌신의 대상이 될 자격이 없다. 그런 것들 중 몇 가지만 예를 들면 미술, 음악, 교육, 여행, 또는 세상의 개선을 위한 사회 참여, 그리고 모든 지혜와 지식을 갖고 계신 하나님을 배제한 채 추구하는 사상적 운동 같은 것들이 있다. 하나님을 추구하는 그리스도인이 이런 것들을 접한다면 크게 문제될 것이 없는데 왜냐하면 이런 것들이 그의 삶에 나름대로 유익을 줄 수 있기 때문이다. 하지만 그리스도인이 이런 것들을 인생의 목적으로 삼고 추구한다면 이런 것들은 지극히 큰 영광을 받아야 마땅하신 분을 대신하는 싸구려 대용품이 되고 만다.

하나님을 인생의 최고 목적으로 삼고 그분을 추구하는 삶을 사는 그리스도인들을 볼 때 세상 사람들은 종종 비웃는다. 또는 그런 그리스도인들을 구제불능의 편협한 사람들이라고 치부해버린다. 그러나 우리가 세상 사람들의 그런 시선 때문에 일일이 변명해야 하는가? 그리스도를 모시고 살겠다는 우리의 선택에 대해 굳이 변명해야 하는가? 하나님과 동행하는 사람들과 함께 인생길을 걸어가겠다는 우리의 결정을 정당화하는 논리를 굳이 제시해야 하는가? 평생 선(善)을 추구하고 악(惡)을 버리겠다는 우리의 결심을 일일이 설명해야 하는가? 죽음조차 두려워하지 않는 삶을 살겠다는 우리의 선택에 대해 굳이 설명해야 하는가? 그럴 필요가 없을 것이다!

우리의 선택 때문에 해를 당한 사람이 있는가? 누구의 아들이나 딸이 우리의 선택 때문에 해를 당한 사람이 있는가? 누구의 아들이나 딸이 우리를 알았기 때문에 악한 길에 빠졌는가? 우리가 누구의 집에서 도둑질을 했는가? 누구의 돈을 훔쳤는가? 우리 때문에 범죄자가 된 사람이 있는가? 우리 구주를 따랐기 때문에 더 나쁜 남편, 더 나쁜 아버지, 더 나쁜 시민이 된 사람이 있는가? 만일 우리가 누구에게 잘못을 행했다면 그것은 우리의 신앙 때문이 아니라 우리가 신앙대로 살지 못했기 때문이다. 참된 그리스도인 때문에 더 나빠진 사람이나 가정이나 국가는 없다.

그리스도 안에 있는 사람이 어떤 존재인지를 무척 아름답게 표현한 사람이 있다. 독일의 신앙 작가인 게르하르트 테르스테에겐(Gerhard Tersteegen, 1697~1769)이다. '영혼의 비단을 짜는 사람'이라고 불려도 손색이 없는 그의 짧은 운문을 읽어보자.

나는 영원한 아버지의 자녀,

영원한 아들의 신부,

성령 하나님의 거처요,

그리스도와 영원히 하나 된 사람이라네.

나는 하나님의 보좌 가장 가까이에서

'하나님께 사랑받는 분'을 섬기는

천사들도 모르는 기쁨으로 충만한 사람이라네.

내 마음의 소원이 이루어지고

모든 것이 내 것이 되고

모든 악한 세력이 나를 두려워하니

나는 오직 하나님만 두려워한다네.

하나님의 궁전에서

영광 중에 계신 주님과 동행하니

나는 여왕이요,

그리스도께서는 영원히 내 주님이시라네.

불쌍한 세상 사람아!

내가 이런 사람인데 당신을 부러워하겠는가?

08

찰나가 아닌 영원을
바라보라

완성품을 향한 목표의식

죽어라고 일을 하면서도 정작 자신이 무엇을 이루려고 그토록 애쓰는지를 모른다면 정말 큰 좌절감을 맛보게 될 것이다. 다시 말해서, 목적에 이르기 위한 수단에 매몰되어 정작 목적이 무엇인지를 망각하는 것이야말로 맥 빠지는 일이 아닐 수 없다.

예를 들어보자. 부품 공장에서 일하는 노동자들은 수년간 똑같은 부품을 만든다. 그 부품들 자체는 아무 의미가 없다. 다른 여러 부품들과 결합하여 결국 완성품을 탄생시킬 때 비로소 그것들은 의미를 갖는다. 그런데 그 완성품을 보지 못하고 매일 똑같은 부품들만을 만드는 사람은 좌절감에 빠지기 쉽다.

인간의 마음은 궁극적인 것과 전체적인 것을 다루도록 창조되었기 때문에 수단적인 것과 부분적인 것에 계속 매몰되어 있으면 스트레스를 받게 된다. 계획을 세우고 그것에 따라 무엇인가를 창조하려는 욕구가 우리 속에 늘 있기 마련이다. 그러므로 눈에 보이는 완성품에 도달하지 못하고 매일 부분적인 것에 힘을 다 써버리면 패배감과 답답함을 느낄 수 있다. 그런 이유로 그토록 많은 일들이 재미없고 지루한 것이다.

맥 빠진 목표뿐인 교회

사실, 일 자체가 재미없고 지루한 것은 아니다. 교회를 지루한 곳으로 여기는 사람들이 많은 것이 사실이다. 어떤 사람들은 "교회가 지루한 곳으로 인식되는 이유 중 하나는 왜 교회에 모이는지를 잘 모르고 예배에 참석하는 사람들이 많기 때문이다"라고 말한다. 하지만 나는 이런 설명에 선뜻 동의하기 힘들다. 물론, 대부분의 사람들은 교회에 가기 싫어한다. 그들은 그럴 듯한 이유가 생기면 예배의 고역을 피하기 위해 교회에 가지 않는다. 이것은 무수한 사람들의 경우에 사실이다.

"교회에 가기 싫어하는 것은 어둠을 좋아하는 도덕적 타락과 원죄의 증상 중 하나이다"라고 말해버린다면 너무 안이한 해석이다. 물론 이 해석이 틀렸다는 것은 아니다. 이런 해석이 기본적으로는 맞지만 모든 것을 설명해줄 수 있는 것은 아니다. 어떤 사람들은 교회에 가기 힘들어하는데 그것은 목회자와 교인들이 추구하는 목표가 거의 없기 때문이다. 그들이 볼 때 목회자와 교인들의 목표라는 것이 매년 정기적으로 열리는 수련회의 인원 확보나 또는 건축헌금의 매월 할당량을 채워야 한다는 정도밖에 없다.

내 말이 틀린 것이 아니다. 이런 맥 빠진 목표들이나 내세우는 교회는 얼마 후면 아주 지루한 교회로 전락하고 만다. 미래지향적이고 생기 있는 사람들이 떼를 지어 교회를 떠나기 때문에 교회에는 생기 없고 활력 없고 태평한 사람들만 남게 된다. '생기 없고 활력 없고 태평한'이라는 표현이 다소 자극적이기는 하지만 그럼에도 불구하고 나는 그렇게 표현할 수밖에 없다.

하나님의 영원한 계획

그리스도를 따르는 신앙에 있어서 사도 바울에게는 지루하거나 생기 없는 것이 없었다. 하나님께서는 도달해야 할 목표가 설정된 계획을 갖고 계셨고, 바울과 신실한 신자들은 그 계획의 일부였다. 그 계획에는 예정, 속량, 양자 삼음, 그리고 하늘의 영원한 기업의 획득이 포함되어 있었다. 바울이 볼 때, 하나님의 계획은 밝히 드러나 있었다(엡 3:10,11 참조).

초대교회의 신자들이 지칠 줄 모르는 열정으로 신앙의 길을 달려갈 수 있었던 것은 자신들이 하나님의 영원한 계획의 일부라는 것을 알았기 때문이다. 그들은 그리스도를 위한 거룩한 열정으로 불탔다. 그들은 자신들이, 주님이 어둠의 세력을 이기는 궁극적 승리를 향해 이끌고 계신 그분의 군대의 일원이라고 느꼈다. 그런 확신이 있었기 때문에 그들은 언제나 거룩한 열정으로 불탈 수 있었던 것이다.

잘못된 확신에 사로잡힌 동력을 주의하라

오늘날의 종교에서는 이상한 현상이 벌어지고 있다. 정통주의 교회들이 과거 전투적 열정을 잃어버렸고 대신 거짓 종교와 악한 정치운동이 오히려 그런 열정을 갖게 된 것이다. 교회들이 전투적 열정을 잃어버린 것은 강력한 개혁운동이 없기 때문이다. 내가 말하는 거짓 종교는 '러셀주의'(Russellism, '여호와의 증인'이라는 가명으로 활동하는 이단)이고, 악한 정치운동은 '공산주의'이다.

공산주의의 목표는 세계 지배이다. 공산주의자들은 자신들의 세계 지배를 확신해왔다. 그 확신은 그들을 강력하게 했다. 그들의 모든 행동에는 열정의 핵탄두가 실려 있다. 그들의 모든 행동을 정당화해주는 것이 있는데, 그것은 자신들의 행동이 지극히 큰 계획의 일부라는 확신이다.

러셀주의도 역시 분명한 목적의식에서 동력을 얻고 있다. 러셀주의 추종자들은 그들의 왕국에 대해 말할 때 두 눈을 크게 뜨고 열정적으로 말한다. 그들이 진리에서 지극히 멀리 떠난 것은 사실이지만 그럼에도 확신에 차 있다. 자신들이 머지않아 나타날 새로운 세계 질서의 아들들이라는 것이 그들의 확고한 신념이다. 그들은 그 새로운 세계 질서를 철석같이 믿는다. 열정에 불타기 때문에 그들은 많은 사람들이 그들을 불쾌하게 여기고 그들의 적으로 돌변하는 것에 개의치 않는다. 미래의 영광에 비추어볼 때 다른 것들은 전혀 중요하지 않다고 보는 것이 그들의 시각이다. 그들의 확신이 잘못된 것이지만 그럼에도 그런 확신이 그들에게 필요한 동력을 제공하는 것 역시 사실이다.

영원을 보지 못하는 우리의 눈

복음주의적 그리스도인들은 그들의 신앙 내용에 대해 굳이 변명할 필요가 없다. 그들은 사도들의 신앙을 정통으로 계승한 자들이기 때문이다. 동방교부들과 서방교부들, 종교개혁가들, 신비가들, 선교사들, 성자들, 그리고 복음전도자들의 신앙 내용은 생명을 주고 변혁을 일으킨다. 그들의 신앙 내용에 비추어 현재의 복음주의자들의 신앙 내용을 판단해보면 현재 복음주의자들의 신앙 내용에 전혀 문제가 없다는 점이 밝혀질 것이다. 또 복음주의자들의 신앙 내용을 성경에 비추어보라. 전혀 문제가 없다는 것이 드러날 것이다.

그렇다면 현재 복음주의자들의 문제가 무엇인가? 왜 지금 교회들이 그토록 무기력하고 무감각한가? 그것은 현재 우리가 너무 안락하고 너무 부유하고 너무 만족하기 때문이다. 우리는 우리 조상의 신앙을 입으로는 고백하지만 우리의 행동으로는 고백하지 못한다. 우리는 우리의 죄 때문에 눈이 멀어 영적 분별력을 상실했다. 세상에서 가장 값진 보물이 우리에게 맡겨졌지만 우리는 그것을 대수롭지 않게 여긴다. 우리는 우리의 종교를 오락거리로 만들려고 발버둥치기 때문에 결국에는 육신적 즐거움을 맛볼 것이다. 우리의 눈은 근시안이기 때문에 가까이 있는 것만 본다.

하나님께서는 우리의 마음에 영원한 것을 심어주셨지만 우리는 찰나적인 것을 선택했다. 그분은 우리의 관심을 영광스런 미래로 돌리려고 하시지만 우리는 영광스럽지 못한 현재에 안주하려고 한다. 우리는 지엽적인 것들의 수렁에 빠져 있기 때문에 영원한 것들을 보지 못한다. 우리는 천국에 도달하기를 소망하지만 갈피를 못 잡고 임기응변으로 때우며 나아간다. 천국에 이르겠다는 뜨거운 열망이 우리에게 없다. 우리의 교리는 올바르지만 기도에 지쳐 있고 하나님을 기뻐하지 못한다.

09

신앙의 양이 아닌 질을 향해
나아가라

숫자 숭배자들

최근 기독교 교단들에서 나타나는 현상이 하나 있다. 그것은 양(量)에 대한 강조가 넘치지만 질(質)에 대한 강조는 상대적으로 약하다는 것이다. 심지어 복음주의자들조차 규모나 수(數) 같은 양적인 것들만을 중요하게 여기는 것 같다. 모인 사람들의 규모, 회심자(回心者)들의 수, 예산의 규모, 헌금의 액수, 이런 것들이 많을수록 교회가 부흥한 것이고 목회자가 성공한 것이라는 생각이 팽배해 있다. 야망이 있는 교회들은 양적으로 눈부신 성장을 거둔 교회를 부러워하고 모범으로 삼는다고 솔직히 말할 정도이다.

지금은 미지근한 신앙을 가진 사람들이 넘치는 시대이다. 또 이 시대에는 '숫자'라는 여신을 열렬히 숭배하는 사람들로 넘친다. '숫자 숭배자들'은 신앙과 관계된 모든 것을 그녀 앞에 끌어와 심판을 받게 한다. 그녀의 구약은 재정보고서이고 그녀의 신약은 교인명부이다. 재정보고서와 교인명부는 그녀의 심판의 기준이다. 이 기준은 어떤 의문이 생길 때, 영적 성장을 측정해야 할 때, 그리고 모든 교회 사업의 성공과 실패 여부를 판단해야 할 때 결정적 척도로 사용된다.

'숫자'라는 여신을 숭배하는 것이 이단(異端)이라는 것은 약간의 성경 지식만 있어도 쉽게 알 수 있는 것이다. 영적인 것을 숫자로 판단하는 것은 성경적 기준에서 완전히 벗어난 판단이다. 그것은 외형주의에 무릎을 꿇었다는 것을 인정하는 일이다. 그것은 육신적인 것보다 영적인 것을 더 중요하게 여기신 우리 주님의 가치관을 부정하는 것이다. 그것은 '옛 피조세계'와 '새 피조세계'를 혼동하는 것이요, 썩어 없어질 것들과 영원한 것들을 혼동하는 것이다. 그런데 이런 잘못된 현상이 목사들과 교회 지도부와 교단 지도자들에 의해 날마다 저질러지고 있다. 뿌리 깊게 자리 잡은 이런 위험스런 잘못을 인식하는 사람은 거의 찾아보기 힘들다.

양보다 질이 중요하다

오늘날 우리가 시급히 해야 할 일은 부흥을 일으켜 교회를 개혁하고 깨끗하게 하고 교회에 영적 활력을 불어넣는 것이다. 그리스도인들의 숫자를 늘리는 것보다 훨씬 더 중요한 것은 그들을 영적으로 더 성숙한 사람들로 만드는 것이다. 한 세대의 그리스도인들은 다음 세대의 씨앗이 된다. 변질된 씨앗을 뿌리면 변질된 수확을 하게 된다. 그런데 그 변질된 수확은 씨앗보다 조금 더 좋아진 것이 아니라 조금 더 나빠진 것이다. 이런 악화의 과정은 씨앗을 향상시키기 위한 철저하고 효과적인 방법이 사용될 때까지 계속될 것이다.

그렇다면 우리는 어떻게 교회를 향상시킬 수 있을까? 그 유일한 방법은 우리 자신을 향상시키는 것이다. 이것은 물론 쉬운 일이 아니다. 어떤 교회의 영적 수준을 결정하는 것은 그 교회의 교인들이다. 교회는 교인들보다 더 좋아질 수도 없고 교인들보다 더 나빠질 수도 없다. 교회의 구성원들인 우리가 우선 시작해야 할 일은 도덕적 개선을 통해 적극적 영적 르네상스를 일으키는 것이다. 이것이 어렵기 때문에 교회의 영적 향상이 어려운 것이다. 도덕적 개선을 위해 우리 자신을 전혀 또는 거의 희생하지 않고 이 문제를 단지 학문적으로만 다루면서 설교하고 글을 쓴다면 영적 향상은 일어나지 않는다.

수많은 종교 행사보다 더 중요한 것

만일 진정으로 그리스도를 따르려고 한다면 우리 자신이 그분의 죽음과 부활에 철저히 참여해야 한다. 그리스도의 죽음과 부활에 참여하기 위해서는 회개하고 기도하고 깨어 있고 자기를 부인하고 세상을 멀리하고 겸손하고 순종하고 십자가를 져야 한다. 이것이 쉽지 않기 때문에 부흥에 대해 이야기하는 것은 쉽지만 부흥을 체험하는 것은 힘들다.

십자가에 참여하는 일을 피하기 위해 우리는 종교적 활동을 만들어내는 일에 능숙해졌다. 양심의 가책을 줄이고 경건의 모양을 내기 위해 우리는 각종 사업을 벌이게 된다. 이런 일들 중 대표적인 것을 꼽으라면 전도와 해외선교를 들 수 있다. 물론 전도와 해외선교는 모든 그리스도인들이 감당해야 할 선한 성경적 활동이다. 하지만 이런 일을 하는 사람들이 모두 하나님께 헌신한 성령충만한 사람들이라는 생각은 잘못된 것이다.

이런 일들을 진정으로 잘 수행하려면 교회는 이를 세상과 분리된 깨끗한 상태로 성령의 충만한 능력 안에서 행해야 한다. 또한 그리스도의 더 큰 영광을 위해 즉시 모든 것을, 심지어 목숨까지도 바칠 각오가 되어 있어야 한다. 약하고 퇴폐적이며 세상적인 교회가 회심자들을 만들어낸다면 자기를 닮은 회심자들을 만들어낼 뿐이다. 그것은 약하고 퇴폐적이고 세상적인 교회를 확장하는 것일 뿐이다.

수확의 결정적 요소는 좋은 씨앗이다

농부가 비옥한 밭에 밀의 씨앗을 뿌리는 상황을 가정해보자. 씨 뿌리는 일에 약간의 문제가 있었기 때문에 수확이 예상보다 약간 줄어든다 할지라도 어쨌든 그는 추수기에 밀을 수확한다. 그런데 밀의 수확에 결정적 영향을 미치는 것은 바로 씨앗의 질이다. 씨앗의 질이 가장 중요하다는 것은 너무나 자명한 이치이다. 만일 농부가 수확하는 밀이 양은 점점 더 많아지는데 질은 점점 더 나빠진다면 그 농사는 완전히 실패이다. 좋은 수확을 기대하는 농부는 자기의 씨앗에 많은 신경을 써야 한다.

내가 이런 이야기를 하니까 누군가 "씨앗은 말씀이다. 말씀은 언제나 동일한 것이므로 누가 뿌리든, 어디에 뿌리든 결국 동일한 수확이 보장되는 것 아니냐?"라고 물을지 모르겠다. 나는 말씀이 씨앗이며 언제나 동일한 것이라는 말에는 동의하지만 그 나머지 말에는 동의할 수 없다. 하나님의 말씀은 언제나 동일하지만 그것이 특정한 때 특정한 장소에서 어떤 열매를 맺느냐 하는 것은 그것을 전하는 사람의 도덕적 순수함과 지혜와 영적 능력 따라 달라진다. 하나님의 말씀이 씨앗이라고 해서 자동적으로 좋은 열매를 맺을 것이라는 생각은 완전히 잘못된 것이다. 하나님의 말씀이 선한 열매를 맺으려면 영적으로 바로 선 교회를 통해 올바로 뿌려져야 한다.

사도행전 18,19장을 보라. 성경에 능한 아볼로는 자신이 이해한 진리에 매우 충실했지만 결국 불완전한 회심자들을 만들어냈을 뿐이다. 그가 사역하고 있을 때 바울이 오지 않았다면 에베소에는 약하고 미성숙하고 비효율적인 교회가 자꾸 확장되었을 것이다.

영적 문제에서 질(質)이라는 것은 지극히 중요하다. 그러므로 양적 성장을 도모하기 위한 노력을 질적인 개선 이후로 미루자는 제안은 결코 지나친 이야기가 아니다.

10

다른 이를 예수 방향으로
인도하라

예수 방향의 안내자가 되려면

독창적 종교 사상가는 어떤 사람인가? 백일몽에 빠진 사람이 아니다. 거친 세상에서 몇 걸음 물러나 상아탑 속에서 사색을 일삼는 지식인도 아니다. 오히려 실존의 문제와 고통을 가지고 고민하는 사람이다. 그런 사람은 학문적인 문제나 이론적인 문제가 아니라 실제적이고 개인적인 문제들을 가지고 씨름한다.

과거에 나왔던 위대한 종교적 사상가들은 대개 한가한 사람들이 아니었다. 그들은 대개 문제와 고통이 많은 세상 속에 살면서 자기의 일에 충실했다. 이 시대의 거룩한 사상가는 누구인가? 사람들이 찾지 않는 조용한 곳에서 석양을 응시하는 시인인가? 그렇지 않다. 마치 자신이 여행을 하다가 광야에서 길을 잃어 안전한 곳을 찾아 헤매는 여행객 같다고 느끼는 사람이 이 시대의 거룩한 사상가가 될 수 있다. 그런 사람의 일차적 관심은 후세의 사람들이 길을 잃지 않도록 지도를 만들어주는 것이 아니다. 물론 나중에 그는 자기의 수고가 다른 사람들에게 큰 도움이 되었다는 것을 깨닫게 될지도 모른다. 하지만 현재 그의 최대 관심은 자신을 위해 안전한 길을 찾는 것이다.

유용한 결과를 낳을 수 있는 훌륭한 생각을 하려는 사람은 몇 가지 필수적인 자질을 갖추어야 한다.

첫째, 온전히 정직하고 진실해야 한다

실없는 소리나 하는 경박한 사람은 훌륭한 사상가가 될 수 없다. 그런 사람을 저울에 달아보라. 그런 사람은 너무 가볍기 때문에 하나님에 관한 깊은 사상을 다루는 데 적합하지 못한 자로 드러날 것이다. 경박한 생각이 조금이라도 틈탄다면 창조적 사고력은 즉시 사라지고 만다. 내가 말하는 경박함이란 위트나 유머가 아니라 진실성과 도덕적 진지함의 결여 또는 속임수 같은 것이다. 위대한 사상을 만들어내려는 사람은 생명과 인류와 하나님을 향한 진지한 태도가 있어야 한다.

둘째, 용기가 있어야 한다

소심한 사람은 자신의 사상적 발전이 암(癌)의 발견만큼 충격적인 것으로 이어지는 게 아닌가 하는 염려 때문에 깊은 사고를 하지 못한다. 그러나 성실한 사상가는 그런 두려움 없이 자기의 일에 임한다. 성실한 사상가는 다소(Tarsus)의 사울처럼 모든 것을 내려놓고 사명에 임하면서 "주여, 제가 어떻게 하기를 원하십니까?"라고 기도한다.

깊이 사고하다 보면 도덕적 의무감을 느끼게 된다. 진리를 찾는 사람은 진리에 즉시 순종할 마음의 준비를 해야 하는데 그렇지 않으면 진리를 발견할 수 없다. 빛을 따르길 거부하는 사람은 어둠에 갇힐 수밖에 없다. 겁쟁이가 영리하거나 약삭빠르다는 소리를 들을 수는 있겠지만 지혜롭다는 소리는 듣지 못할 것이다. 왜냐하면 지혜는 결국 도덕적인 것으로서 악(惡)을 용납하지 않기 때문이다.

셋째, 어느 정도의 지식을 소유해야 한다

중국 속담에 "사색이 없는 학식은 올무가 되고 학식이 없는 사색은 위험스럽다"라는 말이 있다. 내가 만나본 그리스도인들 중에는 명석한 두뇌를 가졌지만 시야가 좁은 사람들이 있었다. 그들은 한 가지 진리를 깨달았지만 그것을 다른 진리들과 연관 짓지 못했기 때문에 편협한 극단주의에 빠지고 말았다. 그들은 자기 구역에 울타리를 치고 성실히 경작하는 모습을 보여주었지만, 그 울타리 너머에 훨씬 더 넓은 세상이 있다는 것을 보지 못했다.

철학자 칸트는 "하늘에는 별, 내 마음에는 도덕률"이라는 유명한 말을 남겼다. 그의 이 말에 담긴 뜻을 깊이 성찰해야, 아니 적어도 그 뜻의 핵심을 이해해야 올바른 사고를 할 수 있다. 그런데 거기서 머물지 않고 한걸음 더 나아가 성경을 충분히 알고, 역사적 감각을 갖추고, 현재의 기독교와 깊이 접촉한다면 창조적 사고를 하기 위한 원재료를 얻게 된다. 하지만 그렇게 된다 할지라도 훌륭한 사상가가 되기에는 충분하지 못하다.

마지막으로 예배자가 되어야 한다

예배를 배울 때 비로소 인간은 그의 놀라운 지성의 모든 능력을 올바로 사용할 수 있다. 어떤 종교 저술가는 "갈망하는 사람의 통찰력을 믿지 않고 다람쥐 쳇바퀴 돌듯 일만 하는 영리한 사람을 믿으면 큰 낭패를 당할 수 있다"라고 경고했다. 14세기 그리스 교부 니케포루스(Nicephorus)는 우리가 마음으로 사고하는 법을 배워야 한다고 가르쳤다. 그는 이렇게 말했다.

"꾸물거리는 네 지성을 억지로 밀어서라도 마음으로 내려 보내어 거기에 머물게 하라. 그렇게 해서 당신이 마음의 자리에 들어가면 하나님께 감사하라. 하나님의 자비를 찬양하면서 이린 훈련을 계속하라. 그러면 다른 방법으로는 도저히 배울 수 없는 것을 깨닫게 될 것이다."

무기력한 기독교에 활력을 넣어라

대부분의 사람들이 느끼듯이, 언뜻 보기에 모순처럼 보이는 것들이 기독교 신앙에 많이 있는데, 그것들은 흔히 역설(逆說)이라고 불린다. 그런 역설들 중 하나는 "당신 자신을 부인하고 온전히 하나님을 의지하라"고 가르치면서 동시에 "하나님께서 당신에게 주신 재능들을 바탕으로 알고 깨닫고 이해할 수 있는 당신의 능력을 온전히 신뢰하라"고 가르치는 것이다.

도덕적 자신감의 결여와 만성적 우유부단에 이르기까지 자신의 정신적 능력을 불신하는 것이 겸손이라고 미화되는 어처구니없는 일이 벌어지고 있다. 하나님께서 만드신 것들을 문제 삼는 자들은 그분의 지혜와 선하심을 비난하는 잘못을 범하는 것이다. 그런 자들에게 성경은 "진흙이 토기장이에게 너는 무엇을 만드느냐 또는 네가 만든 것이 그는 손이 없다 말할 수 있겠느냐"(사 45:9)라고 꾸짖는다.

도덕적 용기가 없는 소심한 신앙인들 때문에 오늘날의 기독교는 무기력하기 짝이 없다. 오늘날의 기독교는 활기가 없고 지적으로 빈곤하고 똑같은 이야기를 늘 반복하기 때문에 많은 사람들이 지겨워한다. 그럼에도 우리는 그런 기독교가 그리스도와 사도들의 전통을 잇는 우리 조상들의 종교라고 우긴다. 우리는 믿음에 관심을 갖는 젊은이들에게 유아용 이유식을 숟가락으로 떠먹인다. 그러면서 그것을 더 맛있게 만들려고 불신세상에서 훔쳐온 육신적 오락거리들로 자극적인 맛을 낸다.

가르치는 것보다는 즐겁게 해주는 것이 더 쉽고, 스스로 깊은 생각을 하는 것보다는 변질된 대중의 입맛에 영합하는 것이 더 쉽다. 따라서 현재 복음주의 진영의 많은 지도자들은 호기심 강한 대중을 교회로 끌어들이기 위해 손가락을 바쁘게 놀려 현란한 장치들과 소품들을 작동시킨다. 그리하여 결국 대중은 점점 더 바보가 되고 만다.

기독교는 전인(全人)에 영향을 미쳐야 하고, 속량 받은 사람들의 모든 부분을 움직여야 한다. 불길이 타오르는 제단에서 우리의 지성을 철수시키면 그리스도를 향한 참된 신앙을 유지하기 힘들어진다.

11 성경의 가르침대로
살아내라

성경의 분명한 목적

"성경은 세계 최고의 베스트셀러이다"라는 말이 성경의 특징
과 목적을 제대로 알고 있는 사람에게는 약간 공허하게 들린다.

성경이 얼마나 많이 팔렸는가, 또는 얼마나 많은 사람들이 성
경을 읽는가 하는 것은 중요하지 않다. 중요한 것은 성경의 내
용을 정말로 믿고 신앙적 결단을 통해 성경의 진리대로 사는
사람들이 얼마나 많은가 하는 것이다. 그런 사람들이 없다면
성경은 우리에게 아무 가치가 없다.

문학적 가치의 관점에서 볼 때 성경이 다른 책들보다 위대하
다고 말하는 사람들이 많은데 물론 그들의 말이 맞다. 선지자
들과 시편 기자들과 우리 주님과 그분의 사도들의 말이 무척
아름답기 때문에 아무리 서툰 번역자라 할지라도 그들의 말의

아름다움을 어렵지 않게 전할 수 있다. 흠정역 성경(KJV, 영국 왕 제임스 1세의 명령에 따라 만들어져 1611년에 발간된 영역 성경)은 문학적 매력 때문에라도 널리 읽힌다. 그런 흠정역 성경의 아름다움을 굳이 여기서 언급하는 것은 태양 앞에 촛불을 들이대는 것과 같기 때문에 오히려 그 아름다움을 훼손할 것이다. 내가 말하고 싶은 것은 단지 문학적 매력 때문에 성경을 연구한다면 그것은 성경의 본래 목적을 놓쳐버리게 된다는 점이다.

성경이 필요하게 된 이유는 인간의 타락으로 인하여 생긴 도덕적 문제 때문이다. 성경은 죄악의 들판에서 헤매는 인간에게 집으로 돌아오라고 부르는 하나님의 음성이요, 집으로 돌아오는 탕자를 위한 지도책이요, 의(義)에 관한 교훈의 책이요, 어둠 속에 비치는 빛이다. 성경은 하나님, 인간, 생명, 사망, 천국 그리고 지옥에 대한 정보를 제공해준다. 성경을 통해 하나님은 경고하고 명령하고 꾸짖고 약속하고 격려하신다. 성경을 통해 하나님은 그분의 아들로 말미암아 구원과 생명을 얻으라고 우리에게 말씀하신다. 하나님의 음성에 순종하느냐 순종하지 않느냐에 따라 각 사람의 영원한 운명이 결정된다.

성경이 이토록 중요한 책이기 때문에 우리는 그것을 자신에게 적용하지 않고 단지 학문적으로나 문학적으로만 연구해서는 안 된다. 성경은 "땅이여, 땅이여, 땅이여, 여호와의 말을 들을지니라"(렘 22:29)라고 가르친다. 베토벤의 교향악이나 윌리엄 워즈워스(William Wordsworth, 1770~1850. 영국의 자연파 계관시인)의 시를 감상하듯이 성경을 읽어서는 안 된다. 성경은 즉각적 행동과 믿음과 순종과 헌신을 요구한다. 이런 것들이 없다면 성경은 그것을 읽는 사람에게 아무 유익을 줄 수 없고 오히려 그의 책임과 심판의 형벌을 더 무겁게 할 뿐이다.

성경을 읽고 그대로 사는 것

지난 몇 년 동안 수백 만 권의 성경이 팔렸다고 하는데 구매자들이 그것들 중 몇 권을 읽었는지를 알 수 있는 확실한 방법은 없다. 그러나 성경을 읽은 사람들 중 얼마나 많은 사람들이 성경말씀에 순종했는지를 알 수 있는 꽤 확실한 방법은 있다. 만일 성경말씀에 순종한 사람이 전 세계에 걸쳐서 수십 만 명이 된다면 현대사회의 모든 면에서 도덕적 혁명이 일어났을 것이다. 하지만 그런 혁명이 일어나지 않은 것을 볼 때 우리는 사람들이 성경이라는 베스트셀러를 읽지 않았거나 아니면 읽었다 할지라도 성경말씀에 순종하지 않았다고 단정할 수밖에 없다.

지진이나 홍수 같은 재난이 닥치면 응급상황에 대처하기 위한 정보나 의료진의 지시는 생사를 가를 수 있을 정도로 중요하다. 재난이 닥쳤는데 그런 정보나 의료진의 지시가 담긴 책자를 소파에 기대어 단지 문학적 감상을 위해 읽는 사람이 있다고 가정해보자. 그런 사람은 그 책자에 담겨 있는 문장의 간결함에서 짜릿한 문학적 매력을 느끼겠지만 결국 장티푸스로 죽을 수도 있다. 그런 공식적 책자의 매력에 빠지는 것이 아니라 그것의 지시에 따르는 것이 그가 살 길이기 때문이다.

그런 사람의 행동은 어처구니없는 행동일 것이다. 그런데 그것과는 비교할 수 없을 만큼 어처구니없는 행동이 또 있는데 이 경우 그 행동의 결과가 비교할 수 없을 만큼 중대하다. 그것은 영원한 내세에 대비하여 준비할 시간이 조금밖에 없는 사람들이 영생의 길을 알려주는 책을 읽으면서도 영생의 길을 배우는 것이 아니라 그 책의 문학적 아름다움에만 매료되는 것이다. 죄 때문에 눈이 먼 사람들이 아니고서는 그렇게 할 수 없을 것이다.

성경에 대한 오해

성경의 기록 목적과는 전혀 관계없는 목적들 때문에 성경이 추천의 대상이 되는 현상이 최근 벌어졌다. 예를 들어, '마음의 평안'을 숭배하는 사람들은 영혼의 풍랑을 잠재우는 수단으로 성경을 사용한다. 하지만 그렇게 하기 위해 그들은 성경의 내용을 자기들 멋대로 취사선택하고 잘못 해석하고 잘못 적용한다. 자기의 책임을 의식하며 정직한 마음으로 성경을 읽으면 오히려 마음의 평안이 사라질 때도 있다. 성경을 읽고 큰 불안과 두려움을 느껴서 회개한 후에 비로소 마음의 평안이 생기는 경우도 있다. 자기의 생활을 고치고 마음의 죄를 버린 후에 찾아오는 평안이 참되고 정당한 평안이다. 자연인의 마음에 평안을 주기 위해 성경구절을 제멋대로 해석하고 적용하는 것은 악한 일이다. 그런 것은 결국 자연인을 멸망으로 이끌 뿐이다.

언젠가 나는 미국 남부의 한 산악지역에서 에스겔서에 나오는 모호한 구절들을 상처 치료를 위한 주문(呪文)으로 사용하는 사람들을 만나보았다. 또 어떤 사람들은 세일즈맨의 판매실적을 높이기 위해 성경구절을 사용한다. 우리 중 일부 사람들이 기억하겠지만, 1930년대의 불황기에 고민에 빠진 국가 지도자들은 "이런 국가적 위기를 타개하기 위해서는 요셉이 애굽에서 사용했던 경제정책을 사용하는 것이 좋겠다"라고 말하기도 했다.

몇 년 전 성경 연구자들이 "거의 모든 새로운 과학적 발견의 정당성이 성경에 의해 확인된다"라고 주장하는 일이 빈번히 일어났다. 그렇게 주장하는 성경 연구자들에게 나는 이렇게 묻고 싶다.

"과학자들이 과학적 발견에 대해 이야기한 후에 비로소 당신들이 그런 주장을 하는 것은 뒷북을 치는 게 아닙니까? 과학자들이 찾아낸 과학적 사실이 성경에 그토록 분명히 기록되어 있다면 그 사실이 발견되는 데 왜 수천 년이 걸렸고, 왜 과학의 도움이 필요합니까?"

물론 나는 성경에 기록된 모든 것이 진리라고 믿는다. 하지만 성경을 과학 교과서로 삼으려는 시도는 성경이 어떤 책인지를 완전히 오해한 데서 나오는 비극적인 현상이다. 성경의 목적은 사람들을 그리스도께 이끌고, 그들을 거룩하게 만들고, 그들이 천국에 갈 수 있도록 준비시키는 것이다. 그런 점에서 성경은 다른 모든 책들과는 다른 유일무이한 책이다. 우리가 성경을 믿음으로 읽고 순종하면 성경의 목적은 반드시 이루어진다.

PART 2

세상 방향으로 가면 망한다,

타협의 다리에서
돌아서라

12 양다리는 없다

불완전한 치료책

현재 종교 지도자들은 환자의 질병을 정확히 진단해내지 못하는 의사 같다. 그들은 복음주의에 중대한 문제가 있다고 여러 해 동안 느껴왔지만, 그 문제를 정확히 밝혀내지 못하고 있다. 문제의 증상들이 매우 많이 나타나고 있지만 그것들의 원인을 밝혀내지 못하고 있는 것이다. 우리는 증상들을 고치는 데 많은 시간을 투자했다. 그러면서도 우리의 치료가 원인에 대한 치료가 아니라는 생각을 떨쳐버릴 수 없기 때문에 마음이 불편하다.

우리가 지금 언급하고 있는 질병에는 한 가지 이상한 특징이 있다. 그것은 "내 인생에서 지금처럼 컨디션이 좋은 적이 없었다!"라고 소리치며 펄쩍펄쩍 뛰고 싶은 충동이 환자의 마음속에서 솟아난다는 것이다. 그러나 그런 충동은 잘못된 착각에서 나오는 것이다. 그런 충동을 느끼는 사람은 사실 영적으로 중병에 걸린 것이다. 그런 사람은 신약성경과 위대한 신앙인들이 보여준 영적 모범에서 너무나 멀리 떨어져 있다.

질병이 무엇인지 정확히 밝혀지지 않은 경우에는 미숙한 전문가들이 저마다 나서서 분석과 처방을 내놓기 때문에 사람들이 혼란스러워 한다는 것을 내가 모르지 않는다. 하지만 그럼에도 내 나름대로 현재 복음주의 기독교의 상태에 대해 감히 진단을 내리지 않을 수 없는데, 왜냐하면 내 나름대로 확신이 있기 때문이다.

인생 목적의 분열증

내가 볼 때 우리의 영적 신경계에 장애가 생긴 것 같다. 이 장애를 표현할 적절한 말이 없기 때문에 나는 이것을 '양방향으로 가기'라고 부르고 싶다. 이것의 주요 특징은 영혼의 신경절(神經節)에 문제가 생겨서 삶의 방향을 통제할 수 없다는 것이다. 이 병에 걸린 사람은 오른쪽으로 가려고 발을 내딛지만 자기도 모르게 왼쪽으로 가게 된다. 그의 영혼에는 두 눈이 있지만 이 두 눈이 서로 조화를 이루지 못하기 때문에 서로 다른 사물들을 보고 서로 다른 방향으로 발걸음을 인도한다. 중간에 끼어 있는 그는 마음속에 있는 두 개의 초점에 모두 따르려고 하기 때문에 어디로 가야 할지 모른다.

복음주의 교파들 중 많은 교파들이 '인생 목적의 분열'이라는 이상한 병에 걸려 고생한다. 그들의 신학은 하나님과 여호와의 성전을 향한다. 하지만 그들의 실제적 관심은 세상과 다곤(Dagon) 신전을 향한다. 교리적으로는 기독교이지만, 실제 마음은 이교도적이다. 그들은 이교도의 가치관과 이교도의 종교적 원리에 의해 살아간다.

그러나 진정으로 회심(回心)한 사람은 다르다. 그런 사람을 가리켜 초기 감리교 신자들은 '건전하게 회심한 사람'이라고 불렀을 것이다. 진정으로 회심한 사람의 삶에는 변화가 일어난다. 그런 사람의 내면에는 분열이 없다. 그런 사람의 삶은 전부 하나님과 거룩한 것들을 향하게 된다. 물론 그런 사람도 로마서 7장에 기록된 성도의 내적 갈등을 겪을 수는 있지만, 그의 방향은 의심의 여지없이 확고하고 그의 얼굴은 하나님의 도성을 향한다.

양다리 신앙을 버려라

오늘날 우리는 '방향'이라는 말에 담긴 깊은 의미에 주목해야 한다. 인생에서 가장 중요한 것은 삶의 방향이기 때문이다.

다윗은 시편에서 다음과 같이 말했다.

"내가 여호와를 항상 내 앞에 모심이여 그가 나의 오른쪽에 계시므로 내가 흔들리지 아니하리로다"(시 16:8).

이는 다윗의 고백 중에서 가장 의미 깊은 말이라고 생각한다. 또한 히브리서 기자는 한 문장으로 삶의 방향의 중요성을 요약해주었다.

"믿음의 주요 또 온전하게 하시는 이인 예수를 바라보자"(히 12:2).

감정적 회심은 온전히 그리스도를 향하도록 하기에 부족하다. 따라서 이런 회심은 생명에 이르게 할 수 없다. 그러므로 어딘가로부터 도움을 받아 정상적 회심에 이르지 못한다면 차라리 종교적 체험이 전혀 없는 것만 못하다. 감정적 회심 때문에 사람들이 올바른 방향을 찾지 못한다. 왜냐하면 그런 감정적 체험은 삶을 철저히 변화시키지 못하기 때문에 하나님과 영원한 것들로 향하게 하지 못한다.

구원받기를 원하지만 하나님께 온전히 돌이키지 않는 사람들을 보게 된 종교 지도자들은 그들 나름대로 타협적 해결 방법을 내놓았다. 그것은 사람들에게 너무 많은 것을 요구하지 않고 오히려 그들의 비위를 맞추는 것이다. 종교 지도자들은 "사람들을 끝까지 가게 해서 목적지에 이르게 하는 것보다 그들을 중간에 묶어두는 것이 낫다"라고 생각하기에 이르렀다. 그러나 그런 생각이 얼마나 잘못된 것인지를 우리가 지금 똑똑히 보고 있다.

잘못된 길에서 돌아서라

그리스도인처럼 기도하고 설교하지만 세상 사람들처럼 살며 말하는 복음주의자들이 지금 너무 많다. 그들이 얼마나 더 복음주의자 행세를 할 것인가? 언제나 배교(背敎)는 행위에서 시작된다. 먼저는 타락한 세상을 동경하고 즐기려는 잘못된 방향 찾기가 시작되고, 그 다음에는 진리 자체를 서서히 포기하다가 결국 불신앙에 빠지고 만다. 이런 일이 개인들에게 일어났고 또 교파들에게 일어났다. 너무 늦기 전에 막지 않는다면 이런 일이 현재 복음주의 진영 전체에서 일어날 것이다.

따라서 현재 기독교에서 볼 수 있는 '양다리 걸치기'는 경계의 대상이 되어야 한다. '양다리 걸치기'가 일시적인 신앙의 침체 때문에 생기는 현상이라면 그래도 희망은 있다. 그리스도인이 '내가 이러면 안 되는데'라고 마음속으로 말하면서도 연약함 때문에 어쩔 수 없이 비기독교적 행동을 하는 경우가 있다. 이런 경우도 물론 나쁜 것이지만 그래도 이것이 치명적 결과로 이어질 것 같지는 않다. 정말 위험한 것은 그런 행동들이 기독교적 삶의 일부라고 가르치는 자들의 말을 믿고 그런 행동들을 하는 것이다. 그럴 경우 그가 잘못된 길에서 빠져나올 가능성은 지극히 낮기 때문이다.

13

세상 편에 서면
결국 망한다

타협의 다리를 건널 수 없다

교회가 교회 주변에 있는 세상과 다르다고 느껴질 때 교회는 가장 강력한 영향력을 지니게 된다. 교회가 세상과 다를 때 교회는 힘을 갖는다. 세상과 달라질수록 교회의 힘은 강해지고, 세상과 비슷해질수록 교회의 힘은 약해진다.

이것은 성경의 분명한 교훈이고, 교회의 역사를 통해 충분히 증명된 사실이다. 그러므로 이렇게 분명한 사실을 깨닫지 못한다면 그것은 참으로 이상한 일이다. 그런데 유감스럽게도 그런 이상한 일이 우리에게서 일어나고 있다. 이런 일의 심각성을 모르는 사람들은 다음과 같이 계속 떠들어댄다.

"교회는 세상의 깊은 죄를 빼고는 최대한 세상을 닮아야 한다. 교회는 세상에 적응해야 하고, '여러 사람에게 여러 모습이' 되어야 한다."

그러나 이렇게 말하는 사람들은 "여러 사람에게 여러 모습이"(고전 9:22)라는 성경구절을 잘못 해석하여 사용하는 것이다. 그들의 잘못된 성경 해석은 베드로의 말을 상기시킨다.

"우리가 사랑하는 형제 바울도 그 받은 지혜대로 너희에게 이같이 썼고 또 그 모든 편지에도 이런 일에 관하여 말하였으되 그중에 알기 어려운 것이 더러 있으니 무식한 자들과 굳세지 못한 자들이 다른 성경과 같이 그것도 억지로 풀다가 스스로 멸망에 이르느니라"(벧후 3:15,16).

교회가 하늘에 속한 단체라는 것을 말해주는 한 가지 확실한 특징은 교회가 세상과 다르다는 것이다. 교회가 세상과 비슷하다는 것은 타락했다는 증거이다. 하나님의 아들들과 사람의 아들들은 도덕적으로나 영적으로 다르다. 이 두 그룹 사이에는 거대한 심연(深淵)이 자리 잡고 있다. 만일 종교인이 이 두 그룹을 연결하는 '타협의 다리'를 놓으려고 한다면 그는 하나님나라의 원칙을 어기는 것이다.

세상과 구별된 성도의 능력

교회가 세상과 다를 때 세상 사람들은 교회의 메시지에 감동을 받는다. 교회가 세상과 다르면 다를수록 그들은 더 큰 감동을 받는다. 반면에 교회가 세상을 닮으려고 애쓰면 세상 사람들은 교회를 더 이상 존경하지 않는다.

또한 교리를 배운 아담의 아들이 하늘의 아들을 만나면 도덕적 마찰이 일어날 수 있는데, 그런 마찰은 양쪽 모두에게 일어날 수 있는 가장 건전한 일들 중 하나이다.

그리스도의 도(道)를 쉽게 만들어버리면 더 많은 사람들이 따를 것 같지만, 사실은 그렇지 않다. 사람들은 자신들의 삶의 철저한 변화를 요구할 때 오히려 그리스도의 도를 따르고 싶어 한다. 이것은 역설적인 일이다. 사람들은 자신이 변해야 한다고 느끼는데 그런 사람들에게 종교가 "아무런 변화가 없어도 여러분은 생명을 얻을 수 있습니다"라고 말한다면 어떻게 될까? 생각이 깊은 사람들은 그런 종교를 가볍게 여길 것이다. 진실성이 부족한 얄팍한 사람들은 그런 종교를 받아들이겠지만, 진짜로 무엇인가를 찾는 사람들은 그런 종교를 가짜라고 생각하여 거부할 것이다.

세상과 똑같아지는 것은 우리 기독교의 특징을 부정하고 우리의 거룩한 신분을 포기하는 것이다. 시온 산 위에 우뚝 서서 세상 사람들에게 우리 쪽으로 넘어오라고 소리치자. 결코 그들 쪽으로 넘어가지 말자.

십자가는 타협하지 않는다

기독교의 상징은 십자가인데 십자가는 '죽음'과 '분리'를 가르치지 '타협'을 가르치지 않는다. 십자가와 타협하는 데 성공한 사람은 한 명도 없다. 십자가는 죽은 자들과 산 자들을 분리했다. 이런 것을 보고 소심하고 두려워하는 사람들은 "그것은 너무 극단적이다!"라고 소리치는데 사실 그들의 말이 맞다. 십자가는 극단적이고 최종적인 모든 것들의 상징이다. 그리스도의 메시지는 죽음에서 생명으로, 죄에서 의로, 사탄에게서 하나님에게로 넘어오기 위해 심연을 건너라는 부르심이다!

영적 능력을 얻기 원하는 그리스도인이 있다면 그가 제일 먼저 해야 할 일은 자신이 하늘의 아들로서 이 땅에 일시적으로 머물고 있다는 사실을 인정하는 것이다. 그 다음에 그가 할 일은 성도에게 합당한 삶을 사는 것이다. 그가 그렇게 하면 그와 세상의 차이가 확 드러날 것이고, 세상은 그를 용납하지 않을 것이다. 이 땅의 아들들은 그가 그들과 다르게 살기 위해 치러야 할 대가를 치르게 할 것이다. 그러나 그 대가를 기꺼이 치를 때 그는 영적 능력을 얻어 영적 열매를 맺는 아름다운 삶을 살게 될 것이다.

14

솜사탕 복음에
속지 말라

회개가 빠진 복음

교회를 깊이 관찰하는 많은 사람들이 볼 때, 오늘날에는 회심 (回心)이 사람들에게 과거만큼 큰 변화를 일으키지 못하는 것 같다. 회심을 체험한 이후에도 많은 사람이 깊은 불만과 실망 에 빠지는 일이 너무 자주 일어난다.

그런 불만과 실망을 체험한 사람들 중 일부 정직한 성격의 사 람들은 '종교 놀이'를 거부하고 "이런 것들이 다 무슨 소용이 냐?"라고 말하며 옛날의 생활로 돌아간다. 또 어떤 사람들은 '나쁜 거래'를 받아들인 후 점차 '불완전한 수정된 기독교'에 적응해간다. 기독교를 짜릿하고 화려한 종교로 만들기 위해 사 용되는 갖가지 장치들과 소품들을 통해 재미와 생기를 가미한 것이 바로 '불완전한 수정된 기독교'이다.

부흥 운동이 휩쓸고 지나간 도시와 마을에서 도덕적 수준이 높아지지 않았다는 것은 우리가 깊이 생각해봐야 할 심각한 문제이다. 무엇인가 잘못된 것이다. 복음이 도덕적 변화를 이끌어내지 못한 이유가 무엇인가? 복음을 전하는 사람이 애당초 복음의 진정한 의미를 잘못 이해했기 때문인가? 회심자(回心者)를 한 명이라도 더 만들어내겠다는 열정 때문에 그가 '생명의 문'으로 들어가는 방법을 너무 쉽게 만들어버렸기 때문인가?

그럴지도 모른다. 과거에는 부흥 운동이 휩쓸고 가면 그 지역의 술집과 홍등가(紅燈街)가 전부 문을 닫는 현상이 벌어지곤 했다. 그 시절에 선포된 복음의 메시지와 오늘날의 무기력한 복음의 메시지에는 차이가 있는 것이 분명하다.

복음이라는 것을 말 그대로 '복된 소식(또는 좋은 소식)'이라고만 해석한다면 복음은 사실상 변질되고 만다. 성경말씀대로 그리스도께서 우리 죄를 위하여 죽으셨다는 것은 물론 복된 소식이다(고전 15:3 참조). 그리스도께서 홀로 우리의 죄를 깨끗하게 하시고 '하늘에 계신 지극히 크신 분'의 우편에 앉으시어 모든 신자들에게 은혜를 전해주신다는 이야기는 물론 죄의 짐에 눌려 있는 인류에게 힘을 불어넣는 소식이다. 그러나 죄 사함의 은혜만을 전하는 메시지를 선포하면 복음의 많은 의미가 상실된다. 그런 메시지를 듣는 사람들은 나쁜 오해에 빠지게 된다.

신약성경의 메시지는 거저 주는 죄 사함만을 전하는 것이 아니다. 값없이 제공되는 죄 사함의 메시지보다 훨씬 더 많은 것이 신약성경에 포함되어 있다. 물론, 신약의 메시지가 죄 사함의 메시지이기 때문에 하나님께서 찬양을 받으셔야 한다. 하지만 그것은 또한 회개의 메시지이기도 하다. 그것이 속죄(贖罪)의 메시지인 것은 사실이지만, 그것은 또한 이 세상에서 절제와 의(義)와 경건의 삶을 살라고 가르치는 메시지이다.

신약은 우리에게 구주를 영접하라고 가르칠 뿐만 아니라 불경건과 세상의 정욕을 버리라고 가르친다. 복음 메시지는 자신을 고치고 세상을 버리고 십자가를 지고 죽기까지 하나님나라에 충성하라고 가르친다. 다시 말해서 윤리를 가르친다.

반쪽이 아닌 온전한 진리를 전하라

물론 엄밀히 말하면 이런 윤리는 복음 자체가 아니고 복음의 결과이다. 그럼에도 그것은 우리가 선포해야 할 온전한 메시지의 필수적인 부분이다. 진리를 둘로 쪼개어 그중 하나만을 전할 권세를 가진 사람은 아무도 없다. 그렇게 하면 진리는 약화되고 열매를 맺지 못하게 된다. 진리의 일부만을 전하는 것은 단지 진리를 쪼개는 문제가 아니다. 그렇게 하는 것은 기독교 사역자들에게 중대한 문제를 초래한다. 더 나쁜 것은 그들을 믿고 그들에게 찾아가 조언을 구하는 사람들에게도 중대한 문제를 초래한다는 것이다. 그리스도의 속죄에 근거한 구원의 선물을 죄인에게 전하는 사람이, 구원에 따르는 윤리적 의무를 가르치지 않으면 죄인은 엄청난 해(害)를 당하게 된다.

많은 복음주의적 설교자들이 값없는 무조건적인 은혜를 너무 강조하기 때문에 죄인들은 오해를 하게 된다. 그런 이들에게 배운 죄인들은 하나님께서 죄에 대해 별로 신경 쓰지 않으신다고 믿게 되어 결국 죄를 가볍게 여기게 된다. 그들은 하나님께서 죄의 결과를 회피하는 것에만 관심이 있다고 오해하게 된다. 그렇게 되면 대개의 경우 복음은 과거의 죄의 결과를 피하는 문제에만 적용되게 된다.

그러나 자신의 죄가 얼마나 무거운 것인지를 깨닫고 '지극히 높으신 분'의 절대적 의(義)를 본 사람들은 '회개 없는 죄 사함의 메시지'가 복된 소식이 아니라고 믿는다. 현재적 변화가 없는 상태에서 과거의 죄를 용서하는 것은 도덕적 정직성에 위배되기 때문이다. 하나님은 그런 도덕적 정직성의 위배를 받아들이지 않으신다.

우리는 담대히 온전한 메시지를 전해야 한다. 그렇게 하면 몇몇 친구들을 잃고 많은 적들이 생길 것이다. 그러나 우리가 진정한 그리스도인이라면 그런 것을 능히 감수할 것이다. 친구들을 잃는다 할지라도 우리는 우리의 구주와 주님이신 분을 기쁘시게 해드리고 모든 영혼을 사랑하기 위해 해야 할 많은 일들이 있다. 그런 일들에 몰두하다 보면 복음을 잘못 배운 사람들의 배척 때문에 상심할 시간도 없을 것이다.

15

엉터리 가이드를
따라가지 말라

가짜를 받아들이는 죄

지금은 도덕적으로나 종교적으로 혼란스런 시대이기 때문에 참된 것과 거짓된 것을 구별하기가 쉽지 않다.

우리가 잘못 판단하여 잘못된 길로 들어서지 않도록 하기 위해 주님은 우리에게 세심한 교훈과 경고를 반복해주셨다. 따라서 주님의 말씀에 귀를 기울이면 큰 유익을 얻을 수 있다.

이 세대의 끝이 오면 사람들 사이에서 종교적 활동이 증가하고 광적인 열망이 일어날 것인데, 그것은 많은 나라가 격동할 것이기 때문이다. 이와 관련하여 주님의 말씀을 하나 읽어보자. 이 말씀은 대부분의 그리스도인들이 잘 알고 있는 성경구절이다.

"난리와 난리 소문을 듣겠으나 너희는 삼가 두려워하지 말라 이런 일이 있어야 하되 아직 끝은 아니니라 민족이 민족을, 나라가 나라를 대적하여 일어나겠고 곳곳에 기근과 지진이 있으리니 이 모든 것은 재난의 시작이니라 그때에 사람들이 너희를 환난에 넘겨주겠으며 너희를 죽이리니 너희가 내 이름 때문에 모든 민족에게 미움을 받으리라 그때에 많은 사람이 실족하게 되어 서로 잡아주고 서로 미워하겠으며"(마 24:6-10).

이 세대의 끝에는 이 말씀에서 언급된 일이 일어날 뿐만 아니라 종교적 혼란과 초자연적인 일도 많이 일어날 것이다. 이에 대한 예수님의 말씀을 들어보자.

"많은 사람이 내 이름으로 와서 이르되 내가 그라 하여 많은 사람을 미혹하리라 … 그때에 어떤 사람이 너희에게 말하되 보라 그리스도가 여기 있다 보라 저기 있다 하여도 믿지 말라 거짓 그리스도들과 거짓 선지자들이 일어나서 이적과 기사를 행하여 할 수만 있으면 택하신 자들을 미혹하려 하리라"(막 13:6,21,22).

어떤 자들이 기독교의 옷을 입고 나타나 그리스도의 이름으로 말할 때 마음이 여린 그리스도인들은 '내가 꼬치꼬치 캐물어서 저 사람이 마음에 상처를 받으면 내가 사랑으로 행하지 않는 죄를 범하는 것이다'라고 생각하곤 한다.

하나님께로부터 오는 것을 거부하는 죄를 범하지 않기 위해 그들은 최근에 그들의 지역에 나타난 소위 선지자라 말하는 자들의 이런저런 증거들을 깊이 조사해보지 않는다. 바리새인들이 예수님을 거부하는 잘못을 범했다는 것을 잘 아는 그들은 바리새인들처럼 되지 않기 위해 소위 선지자라 말하는 자의 증거들에 대해 판단을 유보하거나 아니면 두 눈을 딱 감고 아무것도 묻지 않고 그들의 증거들을 받아들인다. 그러면서 그렇게 하는 것이 깊은 영성의 표시라고 생각한다. 그러나 그것은 깊은 영성이 아니다. 오히려 그것은 그들에게 성령께서 함께하시지 않는다는 것을 보여주는 표시가 될 수도 있다.

쉽게 속는 것이 영성은 아니다. 뭔가 초자연적인 냄새를 풍기는 것이라면 무엇이든지 입을 딱 벌리고 받아 삼키는 태도는 신앙이 아니다. 하나님께로부터 오는 것이라면 무엇이든지 받아들이지만 그렇지 않은 것은 아무리 그럴듯해 보여도 거부하는 것이 신앙이다.

선함과 성령충만을 따르라

성령께서는 "영들을 분별하라"고 교회에 명령하신다. 진짜를 거부하는 것도 죄이지만, 가짜를 받아들이는 것도 죄이다. 분별하여 결론을 내리지 않고 마냥 판단을 유보하는 것은 문제 해결의 방법이 아니다. 사랑의 마음으로 분별하고 거기서 나온 결론에 따라 행동해야 할 의무가 세상의 모든 그리스도인에게 있다.

'그날'이 가까이 오는 것을 볼수록 더욱 그렇게 해야 한다.

그렇다면 어떤 사람이나 어떤 종교적 현상이 하나님으로부터 왔는지 아닌지를 분별하는 방법은 무엇인가? 그 방법을 아는 것은 어렵지 않다. 하지만 하나님께서 우리에게 알려주시는 것들을 따르려면 큰 용기가 필요하다.

참된 영성인지 아닌지를 판단하는 시금석은 두 가지이다.

먼저 우리는 어떤 종교 운동의 지도자가 선하고 성령충만한 사람인지 아닌지를 보아야 한다. 도덕이 결여되면 기독교는 아무것도 아니다. 그럴듯한 신학, 초자연적인 놀라운 일들, 그리고 대중의 맹목적 추종 같은 것들을 보고 어떤 사람이나 운동이 하나님께로부터 나왔는지 아닌지를 판단할 수는 없다. 그리스도의 종은 누구나 마음이 깨끗하고 생활이 거룩해야 한다. 물론 '죄가 없는 완전한 사람'은 찾아보기 힘들다. 하지만 최대한 그리스도처럼 살려고 하는 사람이어야 신뢰받는 지도자가 될 수 있다.

행동이나 말로 주님께 죄를 범할 때 마음으로 슬퍼하면서 회개할 줄 아는 사람만이 믿을 만한 지도자가 될 수 있다. 자기를 내세우지 않을 뿐 아니라 자기를 희생하는 사람, 겸손하고 깨끗한 삶을 사는 사람, 돈을 사랑하지 않는 사람, 자신이 영광 받는 일을 극구 사양하며 하나님의 영광을 높이기를 간절히 바라는 사람, 그런 사람이야말로 하나님께서 높이시는 사람이다. 높은 윤리적 기준을 바탕으로 올바른 개인적 삶을 이어가는 사람이야말로 진정한 영성의 소유자이다.

성경이 가장 좋은 가이드다

어떤 사람이나 종교 운동이 하나님으로부터 왔는지 아닌지를 분별하기 위해서는 도덕적 요소 말고 또 다른 점을 고려해야 한다. 그것은 바로 성경의 기준이다! 기독교의 모든 사역은 성경의 기준에 따라 판단 받아야 한다. 사역자가 성경구절을 길게 인용하는 것만으로는 부족하다. 하나님을 만나는 놀라운 체험을 했다고 주장하는 것만으로도 부족하다.

우리는 모든 기독교 사역자의 일을 율법과 증거의 말씀에 비추어 판단해야 한다. 만일 어떤 사역자가 성경에서 떠난 이야기를 한다면 그것은 그에게 빛이 없기 때문이다. 만일 어떤 사역자가 우리에게 "나를 따르시오"라고 말한다면, 그의 일을 성경의 기준에 비추어 판단할 수 있는 권리와 또 그렇게 해야 할 준엄한 의무가 우리에게 있다. 만일 어떤 종교 운동의 지도자가 우리에게 "여러분은 나를 믿어도 좋습니다"라고 말한다면 우리는 그에게 이렇게 말해야 한다.

"당신의 주장과 행위가 성경적으로 아무 문제가 없다는 증거를 내놓으시오. 성경의 이곳저곳에서 끄집어내어 짜 맞춘 구절들만 보고 당신을 믿을 순 없습니다. 청중 앞에서 성경책을 흔들어대는 것만으로는 우리를 설득할 수 없습니다."

성경의 교훈과 일치하는 교리를 내세우는 사람, 성경에서 벗어나지 않는 설교를 하는 사람, 하나님의 말씀에서 한 발짝도 떠나지 않는 사람, 그런 사람만이 진정한 영성의 소유자이다.

사막에서 엉터리 가이드를 따라가면 결국 죽을 수도 있다. 잘못된 조언을 하는 사람의 말을 믿고 사업을 하다가는 파산하기 일쑤이다. 돌팔이 의사에게 몸을 맡겼다가는 건강을 영영 잃어버릴 수도 있다. 가짜 선지자를 믿고 따르면 도덕적으로나 영적으로 재앙을 만날 수 있다. 아무도 우리를 속이지 못하도록 우리는 조심해야 한다.

16

마귀의 전략에
넘어가지 말라

우리를 무너뜨리려는 유혹

마귀는 탁월한 전략가이다. 그는 백전노장의 장군처럼 자신의 공격 방법을 필요에 따라 능숙하게 바꾼다. 자신이 노련한 성전(聖戰)의 용사라고 생각하는 사람들에 대항하여 사용할 수 있는 또 다른 속임수가 마귀에게는 언제나 준비되어 있다.

우리를 멸하기 위해 마귀는 서로 완전히 상반되는 전략을 구사하는데 하나는 우리의 죄를 이용하는 것이고, 다른 하나는 우리의 덕(德)을 이용하는 것이다.

우선 마귀는 우리를 죄로 유혹한다. 이것은 그가 아주 흔히 사용해온 방법이다. 이것은 아담과 하와에게 먹혀들었고, 무수한 세월이 흐른 지금도 광범위하게 먹혀든다. 사도 바울의 말에 의하면, 죄의 유혹에 넘어가는 사람들이 매년 무수히 멸망과 지옥으로 떨어진다. 내가 이런 말을 하니까 당신은 "그런 일이 그토록 많이 일어난다면 인류가 불구대천(不俱戴天)의 원수가 공격하는 유혹에 저항하는 법을 배우면 되지 않겠는가?"라고 말하고 싶을 것이다. 당신의 말이 맞을지도 모르겠다. 하지만 인류의 적은 인류 내부에 있다. 은밀히 마귀와 내통하는 인간의 타락한 마음이 바로 그 내부의 적이다. 그 내부의 적만 없다면 당신의 말이 맞을 것이다.

마귀의 전략은 죄의 유혹만이 아니다. 그의 지극히 교활한 술책은 우리의 덕을 이용하는 것이다. 이런 술책은 때때로 놀라울 만큼 큰 성과를 거둔다. 죄의 유혹을 통해 마귀는 우리의 개인적 삶을 공격하지만, 우리의 덕을 이용해서는 신자들의 공동체 전체를 공격한다. 우리의 덕을 이용한 마귀의 공격은 신자들이 속한 공동체의 방어능력을 무너뜨린다.

마귀의 전략과 비슷한 전략을 구사하는 사람들이 있다. 그들은 일부 반역적인 정치단체에 속한 사람들이다. 그들은 헌법을 파괴하기 위해 노력하면서도 바로 그 헌법을 자기방어의 수단으로 활용한다. 언론의 자유를 보장한 법을 구실로 내세우면서 그들은 사실 모든 언론의 자유를 파괴하려고 애쓴다. 그들은 법에 의한 통치를 열렬히 주장하지만 사실 이 나라를 독재국가로 만들려고 애쓴다. 다시 말해서, 비열하고 냉소적인 사람들이 도당을 만들고 정권을 잡아 모든 법을 자기 마음대로 집행하는 독재국가로 만들려고 애쓴다. 그들의 이런 방법이 악마적 방법이기 때문에 우리는 "이런 방법을 사용하는 사람들은 이 방법을 그들의 아버지 마귀에게서 배웠다. 그들은 마귀에게 속하여 마귀를 섬긴다"라고 결론 내리지 않을 수 없다.

우리의 성을 빼앗기 위해 원수 마귀는 우리의 저항을 무력화시키거나 약화시키려고 애쓴다. 복음주의 진영을 파괴하기 위해 마귀는 언제 어디서나 우리의 저항력을 무너뜨리려고 시도한다. 그러나 성벽에 서 있다가 원수의 공격을 병사들에게 알려주는 성실한 파수꾼들이 있다면, 마귀가 하나님의 성채(城砦)를 공격하는 것은 불가능하다. 교회가 마귀의 공격에 저항하는 한, 교회는 무너지지 않는다. 이것을 잘 아는 마귀는 교회의 저항을 무력화하는 술책을 구사한다.

역사상 그리스도인들은 여러 도시나 나라에서 악의 세력을 막지 못해 저항을 포기한 적이 많다. 세속적인 분위기, 죄의 쾌락, 그리고 개인적 불경건 같은 것들 때문에 교회는 원수에게 굴복하는 수모를 당했다.

잘못된 개념을 유포하는 마귀

그러나 오늘날 마귀의 전략은 달라졌다. 물론 마귀가 과거의 전략이 먹히는 곳에서는 여전히 과거의 전략으로 성공을 거두는 것이 사실이지만 지금 그의 더 강력한 무기는 우리의 덕을 이용하여 우리의 저항을 무력화하는 것이다. 특히 그는 우리의 자비심의 덕을 이용한다.

우선 마귀는 그리스도에 대한 잘못된 개념을 사람들에게 유포시킨다. "그리스도는 항상 미소 짓고 온유하고 관용적인 분이시다"라고 속삭이며 사람들의 감상적 감정을 파고든다. "(그리스도께서는) 마치 도수장으로 끌려가는 어린 양과 털 깎는 자 앞에 잠잠한 양같이 그의 입을 열지 아니하였도다"(사 53:7)라는 말씀을 우리에게 상기시키면서 사탄은 "너희도 그리스도처럼 행해야 한다"고 속삭인다. 만일 우리가 문 아래의 틈으로 보이는 그의 발을 보고 그에게 저항하려고 일어나면 그는 그리스도를 닮길 원하는 우리의 심리를 이용한다. 그는 우리에게 이렇게 말한다.

"너는 부정적 사고에 이끌려 행동해서는 안 된다. 예수께서 '우리를 반대하지 않는 자는 우리를 위하는 자니라'(막 9:40)라고 말씀하셨고 또 '비판하지 말라'(마 7:1)라고 말씀하셨다. 따라서 다른 사람들의 종교적 주장과 활동에 대해 비판적으로 말한다면 너는 선한 그리스도인이 될 수 없다. 논쟁은 그리스도의 몸을 분열시킨다. 사랑은 하나님으로부터 나오는 것이므로 모든 자들을 사랑하라. 그러면 만사가 잘 풀릴 것이다."

마귀의 감언이설에 속지 마라

이렇게 마귀는 성경을 교묘하게 인용하면서 속삭인다. 그의
이런 감언이설에 많은 하나님의 사람들이 속아 넘어가는 것은
정말로 슬픈 일이다! 만일 목자가 그의 막대기를 사용하는 것
을 주저한다면 늑대가 양을 잡아먹는 법이다. 파수꾼이 아무
위험이 없다는 착각에 빠지면 성은 총 한 방 쏘아보지 못하고
적의 손에 넘어가는 법이다. 기억하라. 사탄은 우리의 덕을 이
용하여 우리를 멸할 수 있다는 것을!

악한 정치사상을 전파하는 교활한 사람들은 조국을 사랑하
는 것이 부끄러운 일이라는 생각을 자국민들에게 불어넣기 위
해 어마어마한 돈을 사용한다. 가능한 한 모든 매스컴을 활용
하여 그들은 국민들에게 "우리가 지켜야 할 가치는 거의 남아
있지 않다. 우리가 목숨 바쳐 지켜야 할 것은 없다"라고 말한
다. '항상 미소 짓고 관대하고 야구와 아이들을 사랑하면서 소
수 과격파의 정치사상에 대해 관용적인 사람이 훌륭한 국민이
다'라는 가치관을 대중에게 불어넣는 것이 그들의 목표이다.
그들의 선동과 감언이설에 넘어간 사람들은 "하나님은 만인의
아버지이시고 온 인류는 형제이다. 그러므로 걱정할 것 없이

낚시나 하러 가라"고 주장하는 단체들을 위해 기부금을 낸다.

만일 어떤 사람이 일어나 "예수 그리스도만이 주님이시기 때문에 그분께 절대적으로 순종해야 한다"라고 주장하면 그는 즉시 사회의 화합을 해치는 분열주의자라고 비판 받는다. 마귀는 많은 종교 지도자들을 세뇌시켰기 때문에 그들은 감히 그에게 저항할 용기를 내지 못한다. 교활한 마귀는 그들의 두려움을 재빨리 이용하여 도처에 바알 제단들을 세운다.

성경에는 논쟁과 다툼이 많이 기록되어 있다. 구약의 선지자들은 논쟁을 불러일으켰으며, 우리 주님은 이 땅에 계실 때 마귀와 철저히 싸우셨다. 사도들, 교부들, 그리고 종교 개혁가들은 논쟁의 한복판에 있었다. 그들은 마귀에 대항하여 죽기까지 싸웠고, 다음 세대들을 위해 진리의 횃불을 높이 들었다.

그런데 지금 우리는 그 진리의 횃불을 높이 들기는커녕 그것을 꺼트린 부끄러운 사람들로 역사에 기록되기를 원하는가?

17

내 자아가 아닌
십자가를 선택하라

내 자아의 이기심

고대 그리스의 스토아 철학자 에픽테토스(Epictetus)는 "개인의 이기적 관심이 모든 인간 행동의 동기이다"라고 말했다.

그는 한 가지 예를 들었다. 두 마리 개가 잔디밭에서 즐겁게 장난 치며 놀고 있을 때 누군가 날고기 한 덩어리를 던져준다. 그러면 그들의 즐거운 놀이는 그 고기 덩어리를 쟁취하기 위한 살벌한 싸움으로 돌변한다. 두 마리 개 사이의 우정은 그들의 이해관계가 일치할 동안에만 지속되는 것이다. 그 이해관계가 틀어지면 그들은 서로 이빨을 드러내고 으르렁거리는 적으로 변한다.

이 고대 그리스 철학자가 인간의 행동을 설명하기 위해 동물의 행동을 예로 든 것에 대해 그를 너무 비난하지는 말자. 사실

성경도 인간에 대해 말하기 위해 종종 동물을 등장시킨다. 우리에게는 굴욕적인 이야기로 들릴지 모르겠지만 심지어 성경에서 인간이 동물보다 못한 존재로 언급되기도 한다. 구약의 잠언에서 하나님께서는 "게으른 자여 개미에게 가서 그가 하는 것을 보고 지혜를 얻으라"(잠 6:6)고 말씀하신다. 선지자 예레미야는 "공중의 학은 그 정한 시기를 알고 산비둘기와 제비와 두루미는 그들이 올 때를 지키거늘 내 백성은 여호와의 규례를 알지 못하도다"(렘 8:7)라고 말했다.

그리스도의 말씀에 의하면, 세상의 자녀들이 종종 빛의 자녀들보다 더 지혜롭다. 그리스도인들은 자기에게 진리의 영이 있다고 주장한다. 에픽테토스에게는 진리의 영이 없었다. 그럼에도 인간의 행동 동기를 날카롭게 꿰뚫어본 에픽테토스는 인간에 대한 일반적인 그리스도인의 이해를 뛰어넘는 이해를 보여준다.

만일 우리가 하나님의 진리를 따르는 지혜로운 자들이라면 우리는 진실을 인정해야 한다. 그것이 아무리 우리의 자존심을 깎아내려도 말이다. 물론, 우리의 눈에 보이는 악한 일들의 의미를 축소하고 인간의 본질적 선을 믿는다고 말해버리는 것이 차라리 더 편할 것이다. 하지만 성경의 진리를 믿는 우리가 진실을 부정할 수는 없다. 다시 말해서, 인간이 본질적으로 선하지 않고 도리어 악하다는 진실을 부정할 수 없다. 인간은 악하다. 인간의 죄의 본질은 그들의 이기심이다.

두 이해관계의 충돌

하나님의 영광보다 우리의 유익을 앞세우는 것은 하나님을 향해 죄를 짓는 것이며, 다른 사람들의 유익보다 우리의 유익을 앞세우는 것은 사회에 대해 죄를 짓는 것이다. 자신과 다른 사람 사이에서 양자택일을 해야 할 때 사람들은 언제나 자신을 선택하기 때문에 죄인이다. 사람들이 자신을 선택하는 것은 자신의 유익을 포기하고 싶지 않기 때문이다.

두 사람의 개인이나 두 개의 국가를 볼 때 우리는 그 양자의 관계에 결정적 영향을 미치는 것이 이해관계라는 것을 알게 된다. 두 사람은 그들 사이의 이해관계가 맞아떨어지는 동안에는 서로 완벽히 조화를 이루며 살아간다. 사회를 구성하는 대다수 사람들의 유익을 도모하는 쪽으로, 아니 적어도 자기의 권리를 위해 싸우는 사람들의 유익을 도모하는 쪽으로 사회의 구조를 만들어놓아야 그 사회가 유지되는 것이 사실이다.

국가들은 그들 사이의 이해관계가 충돌하지 않으면 몇 백 년 동안이라도 서로 사이좋게 지낼 수 있다. 그러나 인구의 변화나 경제구조의 변화가 생기면 국가들은 여러 세대에 걸친 우정을 헌신짝 버리듯 버리고 서로 적으로 돌변한다. 국가들이 서로 싸우거나 심지어 국가들이 서로 무리를 지어 싸우는 경우를 볼 수 있는데 그것은 결국 서로 이해관계가 틀어졌기 때문이다. 모든 전쟁은 이해관계의 충돌에서 비롯되는 것이기 때문에 결국 죄의 발로(發露)이다. 야고보는 "너희 중에 싸움이 어디로부터 다툼이 어디로부터 나느냐 너희 지체 중에서 싸우는 정욕으로부터 나는 것이 아니냐"(약 4:1)라고 말했다.

인간 사회는 개인들 간의 이해관계의 균형을 맞추기 때문에 존속된다. 모든 사람이 자기의 유익을 위해 노력하는 것이 자연스런 현상이라고 느껴지기 때문에 사람들은 그 이상의 어떤 다른 것을 기대하지 않는다. 거듭나지 않은 사람들을 설득해서 그들의 개인적 권리를 포기하고 다른 사람들의 유익을 위해 온전히 헌신하도록 만들 수 있다"라고 주장하는 사람이 있다면 그는 좀 이상한 몽상가로 보일 것이다. '완전히 평등한 사회'를 만들겠다는 이상을 품고 소수의 사람들이 하나의 집단을 이루어 생활하는 경우를 때때로 볼 수 있다. 그러나 이기심을 버리고 살겠다는 고상한 동기에서 출발한 그런 집단은 매번 일정 기간 후에는 바로 그 이기심 때문에 해체되고 만다. 인간의 마음은 본질적으로 이기적이다. 이기심은 외형적 제도로는 치료될 수 없다.

예수님의 십자가 사랑을 따르라

예수 그리스도께서 이 땅에 오셨을 때 인간의 행동을 위한 근본적으로 다른 새로운 동기가 이 세상에 소개되었다. 그것의 상징은 바로 십자가이다. 자신의 말씀을 통해 그리스도께서는 자기유익의 추구가 악(惡)이라는 것을 드러내셨다. 또 십자가를 통해 그분은 순수한 이타적인 사랑이 어떤 것인지를 완벽하게 보여주셨다. 그리스도께서는 섬김을 받기 위해서가 아니라 섬기기 위해 오셨고, 자신의 생명을 많은 사람을 위한 속전(贖錢)으로 내놓으셨다. 그분은 자신을 기쁘게 하지 않고 오로지 하나님의 영광과 인류의 유익을 위해 헌신하셨다. 그분의 십자가 죽음은 하나님 중심적이며 타인 중심적인 삶의 절정을 보여주었다.

십자가는 그리스도의 타인 중심적이고 자기부인적인 삶의 상징이지만 거기서 끝나는 것이 아니다. 그분은 십자가를 그리스도인의 삶의 상징으로 만드셨다. 그분은 "이에 예수께서 제자들에게 이르시되 누구든지 나를 따라오려거든 자기를 부인하고 자기 십자가를 지고 나를 따를 것이니라 누구든지 제 목숨을 구원하고자 하면 잃을 것이요 누구든지 나를 위하여 제 목숨을 잃으면 찾으리라"(마 16:24,25)라고 말씀하셨다.

내가 이제까지 말한 것이 우리에게 어떤 교훈을 주는지를 아는 것이 어려운 일은 아니다. 우리의 행동에 숨어 있는 자기중심적 동기가 타락한 인간의 본성에 속하는 것이지만, 그럼에도 그것은 결국 비극적인 영원한 손실을 초래할 수도 있는 악하고 파괴적인 것이다. 오직 사랑이 있을 때 하나님께서는 우리의 행동을 기쁘게 받으신다.

이제 우리는 현재 우리의 기독교를 신약성경의 거울에 비추어보아야 한다. 우리에게는 신약이 제시하는 새로운 행동 원리를 보지 못하고 경건의 가면을 쓴 채 자신의 유익을 추구하는 과거의 삶을 계속 이어갈 위험이 언제나 도사리고 있다. 그런 위험은 영원히 치명적인 결과를 낳을 수 있다.

18

제자도의 대용품을
만들지 말라

사라져가는 제자도의 개념

신약성경에서 구원과 제자도 사이의 관계는 너무 밀접하기 때문에 분리시킬 수 없다. 물론 구원과 제자도가 동일한 것은 아니지만 샴쌍둥이처럼 서로 붙어 있기 때문에 그 둘을 갈라놓으려면 죽음이라는 대가를 지불해야 한다.

그런데 불행하게도 현재 복음주의 교파들에서는 구원과 제자도를 분리하고 있다. 복음주의 교파들에서 사용하고 있는 신조는 "구원은 믿는 자에게 즉각적이고 자동적으로 주어지지만 제자도는 그리스도인이 무기한 연기하거나 심지어 거부할 수도 있는 선택사항이다"라는 식으로 말한다.

복음을 전하는 기독교 사역자들이 구원을 찾는 사람들에게 "지금 그리스도를 영접하고 도덕적 문제들이나 사회적 문제들은 나중에 해결하십시오"라고 가르치는 것을 우리는 흔히 볼 수 있다. 그들의 이런 가르침의 밑바탕에는 순종과 제자도가 구원과 상관없다는 생각이 깔려 있다. 그리스도께서 우리의 죄를 위해 죽으시고 다시 사셨다는 역사적 사실을 믿고 그것을 자신에게 적용하면 구원을 얻을 수 있다는 것이 그들의 가르침이다. 따라서 그들에게 배운 사람들에게는 예수 그리스도를 주님으로 모시고 그분께 순종해야 한다는 개념이 생기지 않는다. "구원을 얻기 위해 애쓰는 사람을 도울 수 있는 유일한 분이 예수님이므로 그분을 당신의 구주로 영접하면 됩니다"라고만 가르치고 제자도를 가르치지 않는 사역자에게 배운 사람은 예수님을 주님으로 섬겨야 한다는 생각을 하기 힘들다.

제자도의 대용품들

제자도의 개념이 현재의 기독교에서 사라졌기 때문에 우리는 그 빈 공간을 채우려고 본능적으로 대용품을 만들어냈다. 나는 그 대용품을 다음과 같이 세 가지로 정리해보았다.

1. 그리스도를 향한 감정적 호감

제자도를 대신하는 첫 번째 대용품은 그리스도를 향한 감정적 호감이다. 이것은 우리 주님을 향한 기분 좋은 호감 같은 것이다. 사람들은 이 호감 자체를 소중히 여긴다. 그러나 이것은 십자가를 지거나 그리스도의 계명을 지키는 것과는 아무 관련이 없다.

어떤 사람이 예수님에 대해 뜨거운 사랑을 느끼지만 그것이 성령으로부터 나온 사랑이 아닐 수도 있다. 일부 독실한 사람들이 동정녀 마리아에 대해 느끼는 사랑을 보라. 그들의 사랑은 순전히 주관적인 것이다. 본래 사람의 마음은 감정적 자기기만에 능숙하다. 또한 사람의 마음은 상상으로 만들어낸 것이나 낭만적 종교 사상과 사랑에 빠질 수도 있다.

이성과 연애를 하는 젊은이들은 자기가 정말로 사랑에 빠진 것인지를 확인하고 싶어 한다. 그들은 자기가 일시적 감정을 진정한 사랑으로 착각하고 있을까봐 두려워한다. 그래서 최근에 자기에게 닥친 열병 같은 감정이 사랑인지 아닌지를 판단할 수 있는 참된 기준이 무엇인지를 알고 싶어 한다. 그들이 이러한 혼란을 느끼는 이유는 잘못된 생각 때문이다. 다시 말하자면, 지적 요소나 의지적 요소도 없고 도덕적 책임도 없는 '즐거운 감정'이 사랑이라는 잘못된 생각 때문에 그런 혼란이 생긴다.

우리 주님은 자신을 향한 우리의 사랑이 참된 것인지 아닌지를 판단할 수 있는 기준을 다음과 같이 제시해주셨다.

"나의 계명을 지키는 자라야 나를 사랑하는 자니 나를 사랑하는 자는 내 아버지께 사랑을 받을 것이요 나도 그를 사랑하여 그에게 나를 나타내리라 … 사람이 나를 사랑하면 내 말을 지키리니 … 나를 사랑하지 아니하는 자는 내 말을 지키지 아니하나니"(요 14:21, 23, 24).

주님의 이 말씀은 아주 분명하기 때문에 길게 설명할 필요가 없을 정도이다. 주님의 말씀에 의하면, 주님을 향한 사랑의 진정성은 감정의 영역에서 확인되는 것이 아니라 실천적 순종의 영역에서 확인된다. 주님의 이 말씀뿐만 아니라 신약의 다른 모든 부분도 이것을 가르친다.

2. 문자주의

제자도를 대신하는 또 다른 것은 문자주의이다. 이에 대한 좋은 예는 바리새인들의 경우이다. 우리 주님은 "화 있을진저 외식하는 서기관들과 바리새인들이여 너희가 박하와 회향과 근채의 십일조는 드리되 율법의 더 중한 바 정의와 긍휼과 믿음은 버렸도다"(마 23:23)라고 말씀하시며 바리새인들을 책망하셨다. 주님의 이 책망의 말씀은 문자주의의 잘못을 지적한다. 문자주의가 우리 가운데서 여러 형태로 나타나는데, 그것의 본질은 하나님 말씀의 깊은 의미를 무시하고 대신 그 말씀의 문자를 붙든다는 것이다. 문자주의는 그리스도의 말씀의 내적 의미를 이해하지 못하고 대신 그 말씀에 외형적으로 복종하는 데서 만족을 얻는다.

예를 들어보자. 세례를 베풀라는 그리스도의 명령을 읽으면 문자주의는 물세례를 시행하는 것으로 만족해버린다. 그러면서, 로마서 6장에 설명된 세례의 근원적 의미를 놓친다. 문자주의에 빠져 있는 사람도 성경을 규칙적으로 읽고, 종교 사업에 늘 기부하고, 주일마다 교회에 출석하고, 그리스도인의 일반적 의무들을 수행한다. 물론, 이런 일들을 행하는 것에 대해 그는 칭찬받을 만하다. 그러나 그리스도의 주권, 신자의 제자도, 세상과의 결별, 그리고 이기심을 십자가에 못 박는 자기부인이 그에게서 발견되지 않는다면 그는 비극적 실패자일 뿐이다.

자유주의는 '종교적 자아(自我)'라는 모래밭에 거룩한 신전을 지으려고 애쓴다. 그러나 '종교적 자아'라는 것은 고난을 당하고 자신을 희생시키고 수고도 하지만 결코 죽지는 않는다. '종교적 자아'는 기껏해야 '착하게 사는 아담'일 뿐이다. 그것은 자기를 부인하고 십자가를 지고 그리스도를 따르는 것이 무엇인지를 모른다.

3. 열정적 종교 활동

제자도를 대신하는 것을 하나 더 언급하라면 나는 열정적 종교 활동을 들겠다.

그리스도의 일을 하는 것이 경건의 궁극적 척도라고 믿는 사람들이 많다. 극소수의 복음주의자들 빼고 모든 사람들이 그렇게 믿는다. 그들에게 있어서 그리스도는 순종해야 할 주님이 아니시다. 그들에게는 주님이 헌신해야 할 대의(大義)요, 추진해야 할 계획이시다.

잘못된 생각에 사로잡혀 있는 그들은 자신들의 상상이 이끄는 대로 이런저런 활동에 뛰어들고 자신들의 소견에 좋은 방법에 따라 행한다. 그런 사람들이 의외로 많다. 그리스도인이 하는 봉사의 내용과 방법은 우리 주님의 주권적 뜻에서 나와야 한다. 하지만 무조건 일만 열심히 하면 된다고 생각하는 우리 주변의 사람들은 이런 사실을 무시하고 자기들의 계획을 만들어내느라고 바쁘다. 그러다보니 보냄을 받지 않았는데 자기 멋대로 달려가는 사람들, 명령을 받지 않았는데 자기 멋대로 말하는 사람들이 우리 주변에 너무 많다.

하나님께서 인정해주시지 않는 대용품의 덫에 걸려들지 않으려면 어떻게 해야 하는가? 기도하면서 그리스도의 주권과 신자의 제자도를 깊이 연구하는 것이 그 방법이다.

19

쫓겨난 기독교적 의미

오늘날 사람들을 혼란에 빠뜨리는 것들 중 하나는 그들에게 친숙한 단어들을 교묘하게 사용하여 그들의 생각을 조종하는 것이다.

예를 들어 '인민공화국'이라는 말을 보자. 이런 말을 사용하는 국가는 사실 인민에게 속한 것이 아니기 때문에, 즉 인민의 주권을 인정하지 않기 때문에 공화국이 아니다. 다른 예를 들어보자. 지금 대부분의 나라에서 '자유'라는 말을 사용하지만 그것의 의미는 매우 제한되어 있다. 한두 세대 전이라면, 똑같은 것을 표현하기 위해 전혀 다른 말을 사용했을 것이다. 이 밖에도 사람들이 눈치채지 못하는 사이 슬그머니 의미가 바뀐 단어들이 많다.

언어의 의미가 혼란해지는 이런 현상이 종교계에 침투했다. 최근까지만 해도 기독교가 종교의 주류를 이루는 서양 국가들에서 성경의 어휘들과 신학의 용어들은 고정적 의미를 가지고 있었다. 책임감 있는 식자층이 사용하는 성경 어휘들과 신학 용어들은 언제나 동일한 것을 의미했다. 그런데 각종 혁명들이 언어의 의미를 혼란에 빠뜨렸다. 과학혁명, 산업혁명, 철학혁명, 사회혁명, 예술혁명, 정치혁명 같은 것들 말이다. 이런 혁명들을 일으킨 자들은 종교적 단어들의 고정된 의미를 그 단어에서 쫓아냈다. 쫓겨난 의미는 마치 몸을 떠난 영(靈)처럼 여기저기를 떠돌며 다시 과거의 몸 안으로 들어가려고 애쓰지만 성공 가능성은 매우 희박하다.

기독교적 의미를 잃어버린 종교적 단어들 중에는 영감, 계시, 영적 교제, 형제애, 연합, 경배, 기도, 하늘, 불멸, 지옥, 주님, 신생, 회심 같은 것들이 있다. 사실 이외에도 많다. 기독교에서 사용하는 중요한 단어들이 거의 전부 포함된다고 말해도 과언이 아닐 것이다.

고의적인 언어 오용

물론 하나의 언어에서 다른 언어로 번역된 단어들은 내가 지금 말하는 이 경우에 포함되지 않는다. 또한, 마치 진화의 과정을 밟은 것처럼 여러 해에 걸쳐서 그 의미가 변한 단어들도 이 경우에 포함되지 않는다. 내가 지적하고 싶은 것은 과거의 친숙한 단어들에 담긴 고정된 의미를 고의적으로 바꾸어 사용하는 것이다. 이런 짓을 하는 자들은 과거의 친숙한 단어들에 전혀 다른 의미를 담아서 말하기 때문에 그들의 말을 듣는 사람들은 혼란을 느낀다. 그들은 전통적인 단어들을 사용하지만 청중이 생각하고 있는 의미와 전혀 다른 의미로 그것을 말하기 때문에 청중은 속고 만다. 그들의 언어 사용은 정직하지 못하다.

사회의 어떤 영역에서든 이런 짓을 하는 자들은 비난받아야 마땅하다. 특히 종교의 영역에서 그런 짓을 고의적으로 하는 것은 더욱 나쁘기 때문에 부도덕하고 비열한 행동으로 비난받아야 한다.

성경의 용어들에 비성경적 의미를 담아서 사용하는 일이 이제 흔히 벌어지고 있다. 하지만 신앙적 용어들을 잘못 사용하는 사람들이 모두 고의적 오용의 죄가 있는 것은 아니다. 왜냐하면 신앙적 어휘에 담긴 의미를 버리고 다른 의미를 채워 넣는 현상이 지난 두 세대에 걸쳐서 교회에서 일어났기 때문이다. 사실 지금 많은 정직한 목사들 역시 자기도 모르게 신앙적 어휘를 두 가지 의미로 사용하는 현상이 벌어지고 있다.

단어에 담긴 명확한 의미를 전하라

하나님께서 우리에게 알려주길 원하시는 것들은 우리가 지적으로 이해해야 하는 것들이다. 그런 것들은 성경적 용어들과 신학적 어휘들을 통해 표현된다. 어떤 하나의 단어는 동일한 분야에 있는 모든 사람에게 반드시 동일한 것을 의미해야 한다. 기존의 의미와 다른 의미를 그 단어에 담는 것은 막대한 해악을 끼친다. 의사의 용어에 담긴 의미와 약사의 용어에 담긴 의미가 동일해야 환자의 건강이 회복될 수 있다. 그러므로 영생의 말씀에 담긴 의미가 설교자에게나 청중에게 동일해야 하는 것은 두말할 필요가 없다.

어떻게 해석하느냐에 따라서 이런 의미인 것 같기도 하고 저런 의미인 것 같기도 한 단어들로 가득 찬 대중적 종교 서적들이 최근에 쏟아져 나왔다. 표면적으로는 복음주의자들이 이런 책을 썼기 때문에 복음주의자들이 그것들을 받아들이고 퍼뜨렸다고 할 수 있다. 그리고 지금 그것들은 그리스도인들의 사고에 나쁜 영향을 끼치고 있다.

좀 더 정확히 말하면, 그것들을 읽고 칭찬하는 사람들은 건전한 기독교적 사고를 하지 못하게 되었다. 그러므로 우리는 그런 책들을 정신 차리고 주시해야 한다. 만일 저자들이 그들이 의도하는 의미들을 검토할 시간을 갖길 거부한다면 거기에는 아마도 그럴 말한 이유가 있을 것이다. 세대에서 세대로 이어지면서 큰 개념들은 큰 언어들에 담기게 마련이다. 언어를 무시하거나 거부하는 것은 개념을 무시하거나 거부하는 것이다.

하나님, 인간, 그리고 하나님과 인간 사이의 관계에 대한 믿음을 정리해놓은 것이 신학인데, 교회의 신학이 혼탁하지 않아야 교회에 희망이 있다. 교회가 믿어야 할 믿음의 내용이 성령의 감동으로 성경에 기록되어 있다. 성경의 내용은 정확하고 명료하다. 그토록 귀한 성경의 기록을 다룰 때 우리는 정확해야 한다. 혼란에 빠지면 안 된다.

20

껍데기만 남은 구호는
힘이 없다

메아리뿐인 복음주의자들

오늘날 종교의 문제들을 해결하기 위해 헌신하고자 하는 담대하고 경건한 사람들이 지금 교회에 필요하다.

불행하게도 근본주의는 위대한 사상가를 배출하지 못했다. 20세기에 들어와서 쏟아져 나온 종교 분야의 출판물을 검토해 보라. 독창적 사상을 보여주는 책을 쓴 근본주의적 그리스도인을 한 명도 찾을 수 없다. 어떤 기독교 학자들은 철저히 정통적 신앙을 가졌으면서도 자신이 근본주의자로 분류되는 것을 좋아하지 않는데, 그들 역시 독창적 사상을 내놓지 못했다.

나는 지금까지 복음주의자로 살아왔고 지금도 복음주의자이다. 나는 이 사실을 모든 사람이 알아주길 바란다. 나는 성경을 하나님의 말씀으로 믿는다. 생명과 경건에 필요한 모든 것이

성경에 담겨 있다고 나는 온전히 확신한다. 이런 확신은 내게 평안을 준다. 나는 역사적 기독교의 기본 교리들을 가감 없이 받아들인다. 나는 자유주의나 현대주의에는 조금도 동조하지 않는다. 그것들이 어떤 형태로 나타났던지 간에 그것들에 동조하지 않는다.

하지만 나는 고통스런 고백을 하지 않을 수 없다. 나는 이 시대의 복음주의자들이 만들어낸 사상에서 도전을 받아본 적이 없다. 뿐만 아니라 이런저런 이유로 인하여 근본주의에 반기를 든 사람들의 진영이 성실한 종교적 사상을 거의 독점적으로 만들어냈다고 말하지 않을 수 없다. 복음을 믿는 교회에 속한 우리는 우리와 다른 진영에 속한 사람들이 온갖 사상을 만들어내고 있는 것을 강 건너 불 보듯 바라보고만 있다. 우리에게서 들리는 것은 이미 다른 사람들이 한 말의 메아리뿐이다. 우리는 진부한 종교적 언어들을 지겹도록 반복할 뿐이다.

물론 그렇다고 해서 지난 50년 동안 복음주의 진영에서 만들어낸 좋은 책이나 유익한 책이 한 권도 없다는 것은 아니다. 복음주의 진영에서도 좋은 책과 유익한 책을 내놓았다. 좋은 교리책이 많이 나왔는데 주로 바울서신 해설서들이 많이 나왔다. 탁월한 경건서적들도 나왔고, 훌륭한 기독교 전기들도 나왔으며, 해외선교에 관한 좋은 책들도 몇 권 나왔다. 부흥에 대한 책들도 많이 출간되었는데, 그것은 특정 지역에 국한된 부흥을 체험한 사람들에 의해 주로 쓰였다.

아무튼 이 책들이 나름대로 선한 목적에 사용된 것은 분명한 사실이다. 우리는 이 모든 책을 쓴 이들에게 진심으로 감사해야 할 것이다. 하지만 그런 책들의 문제점은 이미 나왔던 책들을 개작(改作)하는 수준을 넘지 못했다는 것이다. 그 책들에게서 독창성을 찾아볼 수 없다. 그 책들은 고뇌와 기쁨이 담긴 개인적 체험에서 나온 것이 아니라 다른 사람들의 이야기들을 짜깁기해서 만든 것이다. 그 책을 쓴 저자들은 짜깁기하는 수고를 했을 뿐이지 그 이상의 수고는 하지 않았다.

앵무새가 아닌 독수리로

이제까지 나는 근본주의적 저작들의 한계를 지적했는데 이런 내 이야기에 대한 강력한 비판이 제기될 것에 대비하여 내 나름대로 한마디 덧붙이고 싶다. 사실 나는 나의 제한된 경험의 한계 안에서 말하는 것이다. 그러므로 내가 알지 못하는 어떤 복음주의자가 위대한 사상을 만들어냈는지도 모른다. 그런 사람이 위대한 책을 썼는데 내가 알지 못하는 것일 수도 있다.

혹시 당신은 C. S. 루이스(1898~1963. 영문학자이며 작가이자 기독교 변증가)를 독창적 사상가로 분류하고 싶은가? 만일 그렇다면 나는 그를 독창적 사상가라기보다는 변증가로 보고 싶다.

그는 햇빛처럼 명석한 두뇌를 사용하여 역사적 기독교를 변증한 사람이다. 그는 우리 조상들의 신앙이 사리에 맞는다는 것을 입증하기 위해 탁월한 능력을 보여준 사람이다. 그러나 그의 약점, 아니 좀 더 정확히 말해서 그의 저서들의 약점은 도덕성의 강조가 거의 전무하다는 것이다. 그의 논증을 읽고 그의 논증의 건전함을 인정한다 할지라도 아무 감동을 받지 못할 수 있다. 요컨대, 그의 책들은 지성을 설득하지만 양심에 경종을 울리지는 못한다. 그러므로 그는 어디까지나 변증가이지 개혁가가 아니다.

물론 나는 기독교의 정통신앙에 전적으로 동의한다. 하지만 그럼에도 불구하고 나는 지난 50년 동안 전파되고 유지되어온 복음주의가 비판적 기능을 마비시키고 강력한 사상을 약화시키는 경향을 보였다고 인정하지 않을 수 없다. 복음을 믿는 현대의 그리스도인들은 독수리가 아니라 앵무새이다. 그들은 저 멀리 높이 날아올라 하나님나라의 무한한 황무지를 탐험하지 않는다. 대신 편안한 홰에 앉아 자기들도 잘 이해하지 못하는 종교적 어휘들을 맑은 가성(假聲)을 써서 반복한다. 이런 식으로 한두 세대가 흘러가면 현재의 복음주의는 자유주의로 변질될 것이다. 어떤 생명체든 간에 어제 먹은 양식에만 의존한다면 오래갈 수 없다.

　이 시대의 그리스도인들이 종교적 무의미에 빠지지 않으려면 스스로 깨달아야 한다. 껍데기만 남은 구호들만 외치면 문제 해결은 자꾸 멀어진다. 말이란 것이 의미를 전달하는 중요한 수단인 것은 사실이지만, 무의미한 말을 계속 붙들고 늘어지는 것은 인생의 비극 중 하나이다. 사려 깊지 못한 사람들은 말을 붙들고 있으면 실재(實在)도 붙들고 있다는 착각에 빠지기 쉽다. 우리가 현재 그런 착각에 빠져 있는데, 주님이 우리를 건져주시길 나는 간절히 바란다.

21 성령의 능력 없이는
열매가 없다

목회자가 직면한 문제

우리가 잘 알듯이, 교회 안에는 다양한 사람들이 섞여 있다. 그렇기 때문에 종종 목회자는 서로 충돌하는 것처럼 보이는 다양한 목적들을 동시에 이루지 않으면 안 된다.

몇 가지 예를 들어보자. 목회자는 소심한 사람들을 격려하고 자만에 빠진 사람들에게 경고해야 한다. 교회 안에는 소심한 사람들과 자만에 빠진 사람들이 거의 비슷한 숫자로 공존하는 것 같다. 그런데 격려가 필요한 사람들을 격려하려는 목회자의 노력이 오히려 자만에 빠진 사람들을 더욱 자만에 빠지게 만들 수도 있다. 반대로 목회자의 경고와 책망이 걱정과 의심에 시달리는 사람들을 절망에 빠뜨리게 할 수도 있다.

목회자가 직면한 또 다른 문제가 있다. 정상적인 교회 안에서도 흔히 볼 수 있는 그 문제는 신앙의 다양한 단계에 속한 사람들이 한 교회 안에 공존한다는 것이다. 그리스도인의 삶에 대해 거의 아는 것이 없는 새신자부터 그리스도인의 삶에 대해 거의 모든 것을 아는 지혜롭고 경험 많은 그리스도인들까지 다양한 사람들이 한 교회 안에 섞여 있다.

교회에서 발견되는 또 다른 문제는 교회의 목사가 청소년들, 중년들, 그리고 노인들을 위한 하나님의 말씀을 준비해야 한다는 것이다. 목사는 대학교수 같은 학자와 제대로 배우지 못한 사람들 모두를 상대로 설교해야 한다. 목사는 살아 있는 말씀을 교양 있는 사람들에게도 전해야 하고, 신문의 스포츠 면이나 만화만 읽는 교양 없는 사람들에게도 전해야 한다. 목사의 청중 속에는 슬픈 사람도 있고 즐거운 사람도 있다. 마음이 여린 사람도 있고 마음이 강한 사람도 있다. 살려는 의지가 강한 사람도 있고 '내가 죽었으면 좋겠다'라고 마음속으로 생각하는 사람도 있다.

목사는 이토록 다양한 사람들을 상대로 제한된 시간에 하나의 설교를 해야 한다. 그 하나의 설교를 통해 그토록 다양한 사람들의 필요를 채워주려면 다니엘처럼 지혜롭지 않으면 안 되는데, 그런 사람은 주전 600년 바벨론에도 매우 드물었고 오늘날에도 매우 드물다.

목사의 짐을 더 무겁게 하는 것이 있다. 그것은 예배 참석자들 중에 특별한 관심을 쏟아야 할 사람들이 항상 있다는 사실이다. 비록 소수겠지만 집으로 돌아와야 할 탕자들, 하나님을 한 번도 사랑한 적이 없는 사람들, 그리고 과거에는 하나님을 사랑했으나 그 사랑을 잃어버린 사람들이 바로 그들이다. 그러므로 목사는 죄인들에게 회개를 촉구하고, 무절제한 자들에게 경고하고, 마음 약한 자들을 위로하고, 모든 사람들을 가르치고 꾸짖고 격려하고 권면해야 하는데 이런 것들을 한 번의 설교로, 아니 적어도 동일한 날에 해내야 한다.

사람은 각각 다르지만 또 다르지 않다

지금까지 나는 목사가 해내야 할 일의 어려움을 적나라하게 말했지만, 겉보기와 달리 실제로 목사의 일이 그렇게 어렵지는 않다. 설교자가 서로 충돌할 수도 있는 목표들을 동시에 이루어야 한다는 식으로 내가 말했지만 그것은 겉보기에 그럴 뿐이다. 태피스트리(tapestry, 색색의 실로 수놓은 벽걸이나 실내장식용 비단)를 비유로 설명해보자. 태피스트리의 앞면은 아름다운 무늬 때문에 보기에 좋고, 그것의 뒷면은 솔기들 때문에 보기에 흉하다. 보기 흉한 뒷면이 어려움을 상징하고 아름다운 앞면이 편함을 상징한다고 가정할 때 설교자의 입장은 앞면과 같다.

우리가 언뜻 생각하기에는 설교자의 입장이 뒷면과 같다고 느껴지지만 사실 그의 입장은 우아한 앞면과 같다. 이어지는 내 이야기를 계속 들으면 더욱 이해가 잘될 것이다.

설교자가 몇 가지 근본적 사실들을 정확히 의식한다면 그는 설교의 성공을 확신할 수 있다. 그런 사실들 중 하나는 설교를 듣기 위해 앉아 있는 사람들이 겉보기에는 서로 달라 보여도 그들의 내면이 똑같다는 사실이다. 기독교 메시지를 듣는 우리의 내면은 결국 모든 인간의 내면과 다를 바 없다.

늙었다는 것이나 젊다는 것, 교육을 잘 받은 것이나 못 받은 것, 세련된 것이나 거친 것, 머리가 나쁜 것이나 좋은 것은 그리스도의 십자가 앞에서는 아무 의미가 없다. 그런 모든 외형적 차이점에도 불구하고 우리는 인간일 뿐이다. 우리의 깊은 내면을 들여다보면 우리는 잃어버린 인간이요, 망가진 인간일 뿐이다. 우리의 깊은 내면에서는 우리의 시시콜콜한 차이점들이 중요하지 않으며, 심지어는 인식되지도 않는다. 금이 강가의 모래 속에 섞여 있든 아니면 첼리니(Benvenuto Cellini, 1500~1571. 이탈리아의 조각가 및 금속 공예가) 같은 사람의 손을 거쳐 정교한 예술품으로 태어나든 간에 금은 금이다.

이와 마찬가지로 인간의 본질은 어떤 상황, 어떤 상태에 놓여 있든 간에 똑같다. 사회적으로 볼 때 서로 다른 차이점으로 나타나는 것들을 위해 그리스도께서 돌아가신 것이 아니다. 그분은 의사를 위해, 농부를 위해, 저술가를 위해, 노동자를 위해, 화가를 위해, 공학자를 위해, 교수를 위해, 부랑자를 위해, 사장을 위해, 음악가를 위해, 또는 벌목꾼을 위해 돌아가신 것이 아니라 '타락한 인류'를 위해 돌아가셨다. 누구나 그분의 속죄의 혜택을 받을 수 있지만 어디까지나 '타락한 존재'로서 받는 것이다. 피부색, 인종, 사회적 지위, 직업 또는 교양 등이 중요하지 않은데 그런 것들로 인간의 본질이 바뀌지 않기 때문이다. 그리스도께서는 인간의 본질 때문에 십자가에서 피를 흘리셨다.

성령님의 지혜로운 일하심

타락한 본성이 모든 인간들 안에 동일하게 존재하기 때문에 그 본성을 회복하기 위한 하나님의 방법도 모든 인간들 안에서 동일하게 나타난다. 하나님의 영은 사람들 위에 임하여 빛을 비추고 진리를 드러내고 죄를 깨닫게 하고 그들에게 이해력을 주신다.

종종 설교자가 전한 하나의 메시지가 각각의 사람들에게 서로 다르게 적용되는 것은 참으로 놀라운 일이다. 설교자의 동일한 메시지가 각 사람들의 필요에 따라 어떤 사람에게는 회개를, 어떤 사람에게는 소망을, 어떤 사람에게는 용기나 겸손이나 믿음을 주는 것을 볼 때 설교자는 큰 기쁨을 느낀다. 이러한 일이 가능한 것은 성령께서 일하시기 때문이다.

성령의 이런 지혜로운 일하심이 없다면 설교는 아무런 열매도 맺지 못할 것이다. 그분의 일하심이 있기 때문에 말씀 선포는 큰 열매를 맺을 뿐만 아니라 즐겁고 편한 것이 된다.

교회와 세상은
구별되어야 한다

교회를 향한 잘못된 전제

종교계에 현대주의 바람이 불어 닥쳤을 때 사람들은 예수님의 윤리에 대해 많은 이야기를 했다. 특히, 사회로 하여금 예수님의 윤리를 받아들이도록 하지 못한 교회의 실패에 대해 많은 이야기를 했다.

그런데 그 이야기의 밑바탕에는 이런 전제가 깔려 있다.

"예수님은 '우월한 윤리체계'를 이 땅에 소개하셨다. 예수님의 윤리는 사랑에서 시작되어 형제애를 꽃 피우는 것이다. 예수님의 계획은 교회를 통해 그분의 윤리체계를 온 세상에 전파하여 세상 모든 사람들을 서로 사랑하는 형제자매로 만드는 것이었다."

아주 그럴 듯하게 들리는 전제지만 이 전제에는 좀 이상한 점이 발견된다. 예수 그리스도의 교훈을 7번째 하늘까지 높아지도록 극구 찬양한 종교 지도자들이 동일한 입술로 그분을 보통 사람의 수준으로 끌어내린 것이 바로 그것이다. 뭔가 앞뒤가 맞지 않는다!

악어 눈물 같은 굵은 눈물을 흘리며 그들이 한탄한 것이 무엇인가? 그들은 교회가 예수 그리스도를 숭배한 것이 잘못이라고 한탄하면서 동시에 교회가 그분의 윤리를 세상에 전하지 못한 것이 잘못이라고 한탄했다. 그러나 그들의 한탄은 잘못된 전제에서 나온 것이다. 그들은 예수라는 인간이 중요한 것은 오직 그의 윤리가 신뢰할 만한 것이기 때문이라는 전제 위에 서 있었다.

현대주의의 바람이 불어닥쳤을 때 일부 사람들은 그들의 잘못된 전제에 대해 고개를 갸우뚱했으며 지금도 어떤 사람들은 그렇게 한다. 그들의 전제에 대해 고개를 갸우뚱하는 사람들은 그들에게 "어떤 사람의 교훈이 그 사람보다 더 클 수 있느냐?"라고 문제 제기를 한다.

예수님의 사랑의 교훈을 입에 침이 마르도록 찬양한 현대주의자들은 자신이 하나님이라는 그분의 주장을 철저히 무시했으며, 죄와 심판과 지옥과 종말에 대한 예수님의 교훈을 헌신짝 버리듯 버렸다. 현대주의자들은 건방지게도 예수님의 말씀

중에서 자기들의 입맛에 맞는 것들은 취하고 나머지는 버렸다. 그들의 그런 이중적 태도를 본 어떤 사람들은 그들이 그들의 말과는 달리 정직하지 않다고 느끼게 되었다. 왜냐하면 만일 예수님이 말씀하신 대부분의 교훈들이 잘못되었다면 그분의 나머지 교훈들도 잘못되었다는 것은 삼척동자도 수긍하는 분명한 논리이기 때문이다.

교회와 세상 사이의 심연

내가 이런 이야기를 하는 것은 싸움을 하자는 뜻이 아니다. 이런 모든 이야기가 현재와는 아무 관계없는 흘러간 과거의 일이라면 죽은 자들로 하여금 죽은 자를 장사 지내도록 하고 우리는 다른 일에 관심을 쏟으면 될 일이다.

그러나 현재의 상황이 그렇게 간단하지가 않다. 왜냐하면 과거 현대주의자들의 망령이 다시 살아난 것 같기 때문이다. 좀 더 구체적으로 말하면, 한 세대 전에 자유주의자들이 제기한 주장들 중 많은 것이 현재 정통주의에 의해 제기되고 있기 때문이다.

현재 정통주의자들은 이렇게 말한다.

"예수 그리스도의 윤리가 사회에서 실현되어야 한다. 그렇게 되면 모든 불평등이 사라질 것이다. 부자와 가난한 자, 높은 자와 낮은 자, 특권을 누리는 자와 그렇지 못한 자 같은 구별이 없어질 것이다. 그리스도의 사랑의 윤리가 그 복된 영향력을 발휘하면 탐욕과 전쟁이 지상에서 사라질 것이고, 만민(萬民)의 형제애의 꿈이 결국 실현될 것이다."

그러나 이런 주장의 배후에는 몇 가지 중대한 오류가 숨어 있는데, 그 오류들 중 최악은 그리스도의 교회와 타락한 인류의 세상을 구별하지 않는다는 것이다. 성경의 교훈에 따르면, 인류는 도덕적으로 타락했고 하나님으로부터 영적으로 멀어져 있으며 하나님의 준엄한 심판 아래에 놓여 있는 잃어버린 존재들이다. 한편, 교회는 영과 마음으로 세상에서 떠나 그리스도를 구주로 고백하고 그분을 주님으로 모시고 따르는 거듭난 자들의 집단이다.

이 두 집단, 즉 세상과 교회 사이에는 우주만큼이나 넓은 심연(深淵)이 가로놓여 있다. 참으로 거듭난 사람은 새로운 피조물이다. 그는 새로운 존재의 질서에 속한다. 그에게는 다른 생명, 다른 기원, 그리고 다른 운명이 있다. 그는 노아의 방주를 타고 항해하는 사람과 같다. 노아의 방주는 타락한 사람들이 허우적거리고 있는 큰 물과 접촉한 채 항해했지만 얇은 선체(船體)에 의해 그들과 구별되었다. 방주의 선체가 물질적으로 보면 얇았지만 영적으로 보면 몇 킬로미터에 달할 정도로 두

꺼운 것이었는데, 심판의 물과 구원의 방주를 갈라놓았기 때문이다.

예수님의 가르침을 따르라

예수님의 교훈은 교회를 위한 것이지 사회를 위한 것이 아니다. 사회 안에 있는 것은 죄인데 죄는 하나님을 대적한다. 그리스도께서는 그분의 교훈을 타락한 세상에 적용해야 한다고 가르치지 않으셨다. 예수님은 자신의 제자들을 불러서 가르치셨다. 예수님의 여러 교훈들에서 명시적으로나 암시적으로 드러나는 것이 있는데, 그것은 그분의 추종자들이 적대적인 세상 사람들 속에서 소수의 무리로 살아가야 한다는 사실이다.

하나님이 가르치시는 순서는 우리가 타락한 사람들의 세상으로 가서 "회개하고 그리스도의 제자가 되어라"라고 외쳐서 사람들을 제자로 만든 다음 그들에게 예수님의 윤리를 가르치는 것이다. 예수님은 자신의 윤리를 가리켜 "내가 너희에게 분부한 모든 것"(마 28:20)이라고 말씀하셨다.

신생(新生)의 기적을 통해 마음속에 하나님의 생명을 받을 때 비로소 사람은 예수님의 윤리에 순종할 수 있다. 하나님의 생명을 받지 못한 사람은 예수님의 윤리를 이해조차 할 수 없다. 성령 안에서 행하는 사람들 속에서 율법의 의(義)가 이루어질 수 있다. 그리스도께서는 그분이 유대 지방에서 사셨던 삶을 속량 받은 사람들 속에서 다시 사신다. 의는 그것의 근원에서 분리될 수 없기 때문이다. 의의 근원은 물론 예수 그리스도이시다.

예수님의 윤리에 근거한 만민의 형제애라는 것은 꿈에 지나지 않는다. 만민의 형제애는 성령의 감동이 없는 일부 사람들이 예수님의 말씀 중 몇 마디를 인용해 자신들의 사상을 만들어낸 것에 불과하다. 형제애를 부르짖는 그들의 열망은 칭찬받을 만하겠지만 그들의 지혜는 지극히 의심스럽다. 그들이 떠들어대는 만민의 형제애의 교리를 만들어내기 위해서는 신약성경의 대부분을 거부하고 그 나머지 부분도 엉뚱하게 해석해야 할 것이다.

옛날에 형과 아우가 살았다. 그들의 사회는 원시적 형태에 머물렀기 때문에 오늘날처럼 사회적 악이 그리 많지 않았다. 그러나 형이 아우를 죽였다. 왜냐하면 세상에 이미 죄가 있었기 때문이다. 인류 역사의 초기에 형과 아우가 사이좋게 지낼 수 없었다면, 예수 그리스도의 고상한 교훈이 죄악에 찌들대로 찌든 현재의 인류에게 형제애를 불어넣을 수 있겠는가? 증오의 악순환이 끊어지지 않고 모든 사람의 마음이 질투와 시기와 자기중심주의와 탐욕과 정욕으로 가득한 이 세상은 그분의 고상한 교훈을 받아들이지 않을 것이다.

신생을 체험하고 그리스도의 교훈을 삶의 방식으로 받아들이는 것만이 각 사람들에게 가능한 문제해결의 방법이다. 인류의 소망은 그분이 이 땅에 다시 오시는 것이다. 주 예수여, 속히 오소서!

23 편협한 획일화는
참된 자유를 막는다

프로크루스테스 침대의 획일화

그리스 신화에 나오는 노상강도 프로크루스테스는 여행자들을 자신의 집으로 유인하여 자기 침대에 눕힌 다음 자기보다 키가 큰 사람은 몸을 자르고, 작은 사람은 잡아 늘였다고 한다. 두 경우에서 모두 프로크루스테스는 획일성을 달성했다.

획일적인 것을 좋아하는 현대인들의 습성은 우리 모두를 프로크루스테스의 침대에 누인다. 우리의 집과 승용차와 의복은 모두 일부 사람들이 자기들 멋대로 만들어놓은 틀에 맞도록 손질된다. 하지만 엄밀히 말해서, 그런 틀을 만들어놓은 사람들에게는 그럴 권리가 없다. 사람의 신장을 결정해야 할 권리가 프로크루스테스에게 없었던 것처럼 말이다.

획일성을 향한 열망은 교육 분야와 종교 분야에 큰 해를 끼쳤다. 사람들을 일정한 표준에 맞추려는 시도는 한 가지 중요한 사실을 간과하고 있다. 사람들이 모두 똑같지 않다는 사실 말이다. 만인이 똑같다는 생각은 비현실적인 생각이다. 만인을 똑같은 존재로 만들려는 시도는 현실과 맞지 않고 자연의 법칙에 위배되고 인간의 자유를 방해한다.

물론, 어떤 일을 이룰 수 있는 기회는 만인에게 평등하게 주어져야 한다. 하지만 그런 기회를 이용하여 그 일을 이루는 것은 각 사람의 몫이다. 교육기관이 학생 본래의 능력을 증가시키거나 감소시키는 것은 거의 불가능하다.

여러 해 동안 관찰한 결과 이제 나는 "공식적 교육을 받은 후에도 유익을 얻지 못하는 사람들이 일부 있다"라고 말하지 않을 수 없다. 그런 사람들의 경우, 대학을 통해 다른 곳에서는 얻을 수 없는 약간의 정보를 습득한 것을 제외하면 거의 향상된 것이 없다. 몇 년 동안 억지로 공부한 후에도 그들의 취향이나 안목이나 지혜에는 발전이 없다.

어떤 사람들은 학교에 다니지 않고도 인생 교육을 통해 좋은 교육을 받지만 또 어떤 사람들은 고등교육기관에서 몇 년 씩 공부해도 거의 발전이 없다. 그럼에도 현재 교육자들은 프로크루스테스의 침대와 같은 교육을 포기하지 않는다. 정해진 교육의 틀에 따라 학생들의 키를 늘이기도 하고 자르기도 하는 그들의 교육방법은 자연의 법칙에 역행하는 것이다.

그런데 이런 일이 교육 분야뿐만 아니라 종교 분야에서도 일어난다. 교회 안에서도 프로크루스테스의 침대가 사용된다. 모든 교인들에게 똑같은 모습과 사고와 행동을 요구하는 것이 바로 그것이다. 자신의 목적을 이루기 위해 프로크루스테스의 침대는 사람들의 독창성을 말살하고 개성을 두려워하도록 가르친다. 또한 획일성에 따르는 것이 경건이고 그렇지 않은 것은 죄라는 생각을 불어넣는다. 이런 노력을 통해 프로크루스테스의 침대는 교회 안에서 매우 큰 성공을 거둔다.

드넓고 확실한 진리의 세계

경험적으로 볼 때, 획일성의 강조는 거의 언제나 평범함을 낳는다. 왜냐하면 만족하는 다수의 수준으로 내려가는 것이 그들 위로 솟아오르는 것보다 쉽기 때문이다. 철저히 깊이 생각하는 것보다 암기하는 것이 쉽고, 창조하는 것보다 모방하는 것이 더 쉽다. 그렇기 때문에 지난 50년 동안 근본주의는 열정과 매력을 잃고 메마르고 비속한 종교로 전락했으며, 하나님에 대해 굶주린 많은 사람들은 그런 근본주의에 등을 돌리고 내키지 않는 걸음으로 멀어져 갔다.

현재 기독교가 사람들에게 무미건조한 정통주의 아니면 자유주의 사이에서 양자택일을 강요하는 것 같은 현실은 참으로 안타깝기 짝이 없다. 정통주의는 메마르고 핏기 없다. 반면 자유주의는 그런 숨 막히는 정통주의에서 벗어나기 위해 배 밖으로 뛰어내리지만 결국 불신앙의 바다에 빠져 죽는다. 그러니 핏기 없는 정통주의나 불신앙의 바다에 빠져 죽는 자유주의는 우리의 선택이 될 수 없다.

하나님께서는 우리의 영적이고 지적인 삶을 위해 드넓은 진리의 세계를 만들어놓으셨다. 하늘을 나는 새에게 공기가 무한하고 바다를 헤엄치는 물고기에게 물이 무한한 것처럼 이 진리의 세계는 인간의 영혼에게 무한하다. 그 진리의 세계에서 그리스도인의 지성은 완전히 자유롭게 즐거움을 맛볼 수 있다. 하지만 그렇다고 해서 이제부터는 신자가 과거 기독교의 유산을 버리고 제멋대로 사고하라는 말이 아니다. 기독교의 유산에는 넓고 다양한 하나님의 뜻이 담겨 있고, 또 성도들과 천사들을 위한 복된 영적 보물이 담겨 있기 때문이다.

이 드넓은 진리의 세계는 자연에서, 성경에서, 그리고 육신으로 오신 하나님의 지혜 예수 그리스도에게서 발견된다. 그 세계의 이성적 측면은 교리의 형태로 표현될 수 있는데 우리는 다른 진리들을 배워서 알 수 있듯이 교리를 배워서 알 수 있다. 현대의 복음주의 기독교는 그런 교리를 잘 정리해서 정통주의라는 이름으로 간직하고 있다.

하나님 안에서 마음껏 사고하라

그런데 우리가 기억해야 할 것이 있다. 정통주의가 프로크루스테스의 침대처럼 획일성을 강요해서는 안 된다. 우리는 우리의 지적(知的) 자유를 희생하지 않고도 하나님의 계시에서 완전히 철저한 교리체계를 만들어낼 수 있다. 우리는 기독교 신조의 모든 부분을 받아들이면서도 우리의 상상력의 날개를 펴고 저 넓은 자연과 은총의 세계에서 비상할 수 있다. 우리가 이성에 의존하여 제멋대로 사고하는 자유사상가는 아니지만 그래도 지적 자유를 누릴 수 있다.

소위 자유사상가와 기독교 사상가 사이의 차이점이 무엇인가? 기독교 사상가에게는 믿음이 있다. 믿음은 또 하나의 인식작용인데 불신자는 이것을 받아들이지 않겠지만 우리는 이것을 받아들인다. 그리스도인은 불신자가 끝내는 곳에서, 아니 적어도 끝내기를 원하는 곳에서 시작한다. 불신자는 흔들리는 불안정한 발판을 도약대로 삼지만 우리 그리스도인에게는 반석 같은 도약대가 있다. 우리의 사고는 하나님께서 우리에게 주신 확실한 진리의 세계에서 마음껏 날아오른다. 하지만 불신자의 사고는 날개를 퍼덕거리다가 이내 확실한 진리의 세계를 벗어나 어둡고 불확실한 세계로 넘어가 버리기 때문에 아무것도 확신할 수 없다.

그리스도는 세상의 빛이시다. 그분의 임재는 사람들의 영(靈)뿐만 아니라 그들의 지성에도 빛을 비추신다. 별들의 영광이 서로 다르듯이 하나님의 자녀들도 서로 다르다. 하나님의 자녀들이 그리스도의 몸의 지체들이라는 면에서는 서로 똑같지만, 사실 그들은 몸의 지체들이 서로 다르듯이 다르다. 그러므로 그들에게 인위적인 획일성을 강요하는 것은 그들에게 큰 해를 끼치는 것이다.

PART 3

우리의 최고 목적지는

예수님이 걸어가신
그 길이다

24

하나님의 임재 안에
해답이 있다

하나님 앞에 나아가는 태도

시끄럽고 번잡한 시장이나 잔인한 전쟁터에서가 아니라면 결코 깨달을 수 없는 진리들이 있다. 시장의 고함소리나 전쟁터의 소용돌이는 투박한 진리들을 우리에게 가르쳐준다. 일터나 전쟁터에서 삶의 진리를 배워본 적이 없는 사람, 아이를 낳는 산모의 비명소리를 들어본 적이 없는 사람, 죽어가는 사람의 마지막 숨소리를 들어본 적이 없는 사람, 이런 사람들은 성숙한 인간이 되기 힘들 것이다.

그런데 이런 '삶의 학교' 말고 또 다른 종류의 학교가 있는데, 거기서 인간의 영혼은 매우 귀한 교훈을 배우게 된다. 그 학교는 바로 '침묵의 학교'이다. 시편에는 "너희는 가만히 있어 내가 하나님 됨을 알지어다"(시 46:10)라는 구절이 나온다. 이 말씀에는 매우 깊은 의미가 담겨 있는데, 이는 우리 삶의 많은 부분에 적용된다.

복음주의적 그리스도인들의 기도는 물질 추구의 수단으로 전락할 위험성을 늘 안고 있다. 기도에 대한 책들을 보면 많은 경우가 하나님께 무엇을 구해서 얻어내는 것에 주된 관심을 보인다. 그런 책들은 어떻게 하면 하나님께 물질적인 것들을 얻어낼 수 있을까 하는 문제를 다루는 데 대부분의 지면을 할애한다.

물론 하나님께 무엇을 구해서 얻을 수 있다는 것은 성경의 분명한 교훈이다. 하지만 가장 높은 수준의 기도는 '무엇을 구하는 기도'가 아니다. 가장 거룩한 기도는 하나님 앞에 나아가는 것이다. 그분과 깊은 교제를 나누는 복된 기도를 맛본 사람은 기적이라는 것에 크게 매료되지 않는다. 그런 사람은 "기도 응답을 통해 하나님께 무엇을 얻어내는 것보다 그분의 임재를 체험하는 것이 더 중요하다"라고 고백하게 된다.

침묵의 효능

조용하고 차분한 시간을 우리보다 더 깊이 체험한 거룩한 사람들은 침묵의 힘이 어떤 것인지를 잘 알았다.

다윗은 시편에서 이렇게 말했다.

"내가 잠잠하여 선한 말도 하지 아니하니 나의 근심이 더 심하도다 내 마음이 내 속에서 뜨거워서 작은 소리로 읊조릴 때에 불이 붙으니 나의 혀로 말하기를"(시 39:2,3).

이 말 속에는 하나님께서 현대의 선지자들에게 주기를 원하시는 깊은 영적 통찰이 숨어 있다. 대개 입이 열변을 토할 때에는 마음이 뜨거워지지 않는다. 하나님 앞에서 입을 다물고 잠잠히 있을 때에야 비로소 깨달을 수 있는 진리들이 있다. 먼저 귀를 기울여 듣지 않은 사람은 말할 자격이 없다.

어떤 그리스도인들은 일정 시간 동안 완전히 침묵해야 큰 깨달음을 얻을 수 있다. 자신의 영혼이 어떤 상태에 있는지를 충분히 살피고 침묵 속에 하나님의 깊은 음성에 귀를 기울일 수 있도록 충분한 시간을 할애하라. 그러면 큰 깨달음을 얻게 될 것이다. 하나님의 깊은 음성에 귀를 기울이도록 충분한 시간을 할애하는 것이 책상 위에 늘 굴러다니는 위궤양 약보다도 훨씬 더 효과가 있을 것이다.

25

겸손은 가장 위대한
능력이다

소리 없이 빛나는 삶

우리가 믿는 기독교가 옳다는 사실을 증명하는 가장 좋은 증거는 무엇일까? 기독교가 옳다는 것을 가장 효과적으로 증명해주는 것은 기독교 신앙을 고백하는 사람들의 선한 삶이다.

즐거운 마음으로 깨끗한 삶을 사는 그리스도인들은 지역사회에 그리스도의 부활을 증언해주는 강력한 증거가 된다. 그런 증거는 석학이 써낸 유식한 논문보다 훨씬 더 효과적이다. 보통 사람들은 석학의 유식한 논문을 읽고 이해할 능력이 없을지도 모른다. 하지만 그런 사람들이라 할지라도 거룩한 사람들의 삶에서 발견되는 삶의 증거를 보지 못할 수는 없다. 이것이 삶의 증거의 또 다른 이점(利點)이 아니겠는가!

사람을 긴장하게 만드는 고도로 기계화된 이 시대의 사람들

눈에는 거룩한 삶이 너무 재미없고 무미건조하게 보일 것이다. 그러나 일시적으로 사람들의 관심을 끄는 현란한 이 시대의 장난감들은 오래가지 못하는 반면, 거룩한 삶은 시대를 뛰어넘어 굳게 서서 고고한 빛을 발한다.

이탈리아 속담 가운데 "별들은 소리를 내지 않는다"라는 유명한 속담이 있다. 별들은 소리를 내지 않지만 인간의 시대와 문명의 변화를 뛰어넘어 언제나 밝은 빛을 비추어준다. 겸손한 침묵 속에서 빛나는 별들이 우리에게 던지는 메시지는 무엇일까? 그것들은 하나님이 살아 계시며 영원한 것들이 존재한다고 조용히 말해준다.

아시시의 프랜시스(Francis of Assisi, 1181~1226. 이탈리아의 성인으로 프란체스코 수도회의 창설자)는 고상한 찬송가를 만들었고, 또 진귀한 설교를 했다. 하지만 그런 찬송가나 설교 때문에 그가 사람들에게 알려진 것은 아니다. 그가 그런 것들을 가지고 인류의 도덕적 상상력을 자극한 것이 아니다. 그가 지금까지도 하나님을 찾는 사람들의 마음속에 남아 있는 것은 온전히 그의 순수한 삶 때문이다.

겸손에는 강한 힘이 있다

프랜시스처럼 신앙의 본보기가 되는 인물이 있음에도 오늘날 교회는 다른 유명인들을 모범으로 삼으며 타락의 길로 접어들었다. 그런 타락은 교회에 역사상 가장 큰 타격을 가했다. 어떤 사람이 인기투표에서 상위에 올랐다거나 신문에 보도되었다고 해서 그가 위대한 사람인 것은 아니다. 내가 볼 때 위대한 사람에 대한 우리의 개념이 잘못된 것 같다. 오늘날 우리는 세상에서 성공한 사람들을 위대한 사람들로 간주하는 경향이 있다. 이는 참으로 잘못된 가치관이다.

어떤 사람들이 위대한 사람인지를 아는 것이 우리에게 도움이 될까? 이 문제에 대해 논란이 있겠지만 아무튼 그것이 도움이 된다고 치자. 그런데 인간의 지혜만으로는 누가 진정 위대한 사람인지를 알기 힘들다. 진정으로 위대한 사람은 자기를 잘 드러내지 않기 때문이다. 겸손한 사람이 위대한 사람이다. 그런데 겸손한 사람은 자신을 드러내거나 홍보하지 않으며, 다른 이에게 그렇게 하라고 강조하지도 않는다.

영적 미덕은 깊고 조용한 것이다. 영적 미덕은 온 세상에 은혜로운 영향을 미치지만 밀물과 썰물처럼, 지구의 중력 작용처럼, 태양의 햇빛처럼 소리 없이 그 힘을 발휘한다.

이 세상에서 그리스도를 높이려는 사람은 어떻게 해야 하는가? 내가 볼 때 그것은 '그리스도의 삶'이 어떤 것이었는지를 성령의 능력을 통해 사람들에게 보여주는 일부터 시작하면 된다. 가식 없이 깊은 겸손 가운데 행하는 것이 그리스도의 빛을 세상에 비추는 것이다. 세상 사람들은 겉으로는 그 빛을 안 보는 척하지만 사실은 그 빛을 보고 깊은 양심의 갈등을 느끼게 된다.

26

영으로 하나님을 만나라

언젠가 나는 "우리가 생각을 통해 하나님을 알 수는 없지만, 생각을 많이 하면 그분을 더 잘 알 수 있다"라고 말했다. 이 말이 모순처럼 들릴 수 있지만, 이 말은 전혀 모순이 아니다.

인간의 마음은 궁극적 의미에서 진정으로 하나님을 알 수 없다. 이것은 성경 전체가 당연히 여기는 사실이다. 또한 이것은 다음과 같은 구절에서도 분명히 드러난다.

"아버지 외에는 아들을 아는 자가 없고 아들과 또 아들의 소원대로 계시를 받는 자 외에는 아버지를 아는 자가 없느니라"(마 11:27).

"하나님의 지혜에 있어서는 이 세상이 자기 지혜로 하나님을 알지 못하므로"(고전 1:21).

"하나님의 일도 하나님의 영 외에는 아무도 알지 못하느니라"(고전 2:11).

하나님의 본질은 인간의 마음이 알고 있는 그 어떤 것과도 같지 않다. 그러므로 인간의 마음이 하나님을 알려고 시도하면 반드시 벽에 부딪힐 수밖에 없다. 하나님의 본질은 신비에 싸여 있고, 인간이 가까이 갈 수 없는 빛 안에 거한다.

이런 사실을 깊이 생각한 과거의 일부 사상가들은 "인간이 그의 정신적 능력으로 하나님을 아는 것은 불가능하므로 우리는 그분을 알기를 포기해야 한다"라고 결론 내렸다. 그러나 그들이 보지 못한 사실이 있는데, 그것은 하나님께서 원하신다면 자신을 사람들에게 계시하실 수 있다는 것이다. 실제로 하나님은 사람들에게 자신을 계시하신다.

하나님의 영(靈)은 사람의 영으로 하여금 하나님 본질의 외경스러운 신비를 알고 체험하게 하실 수 있다. 그런데 우리가 주목해야 할 것은, 하나님의 영이 하나님을 인간의 지성(知性)에만 계시하시는 것이 아니라 인간의 영에 계시하신다는 사실이다. 인간의 지성이 하나님의 속성들을 알 수 있는 이유는, 그 속성들이 하나님에 대해서 알려질 수 있는 진리에 속하기 때문이다. 하나님을 '인식'하는 것은 지성이 아니라 인간의 영이 하는 일이다. 하나님을 인식하는 것은 지적 작용을 통해서가 아니라

직관을 통해서 주어진다.

성경이 말하는 하나님 인식은 무엇인가? 그것은 하나님을 체험한다는 것이다. 그분에 '대해서' 아는 것은 성경적 의미에서의 하나님 인식이 아니다. 지성이 전해주는 지식이 하나님 인식이 아니다. 인간의 마음이 도달할 수 없는 높은 차원에서 인간의 영이 경험하는 것이 하나님 인식이다.

깊은 사고로 하나님을 깊이 알라

그렇다면 그리스도인의 경험에서 지성은 어떤 의미를 갖는가? 지식들 중 가장 중요한 지식, 즉 하나님을 아는 지식에 도달하는 데 지성이 무용지물(無用之物)이라면, 지성적 사고는 시간 낭비에 불과한 것인가? 그렇지는 않다. 성경의 모든 계시는 지성에 전달되고, 지성을 통해 도덕적 삶의 중추(中樞)인 의지에 도달한다.

인간의 의지가 회개와 순종을 통해 반응하면 성령께서는 회개하는 마음에 빛을 비추시고, 하나님의 형상이신 그리스도를 계시해주신다. 그렇게 되면 이성에 주어진 호소로 시작된 것이 (사 1:18 참조) 이성을 완전히 초월하는 영적 체험으로 열매를 맺게 되는 것이다.

하나님께서는 전인(全人)을 상대하신다. 그분은 그리스도인의 경험이 인격 전체를 포함하는 체험이 되도록 정해놓으셨다. 기독교 신앙은 영적인 것에만 관계되지 않고 도덕적인 것과 이성적인 것에도 관계된다. 신앙의 도덕적 및 이성적 요소들은 우리가 마땅히 깊이 생각해봐야 할 것들이다. 그것들은 기도하며 묵상하는 사람에게 풍성한 결실을 선사한다.

기독교는 하나님에 대해, 또 사람에 대해 말한다. 기독교는 사람에 대해 알아야 할 것들을 말하고, 또 사람 사이의 관계에 대해 말한다. 또한 기독교는 피조세계, 속량, 의(義), 거룩한 역사, 인간의 운명, 그리고 세계의 미래에 대해 말한다. 기독교가 증언하는 그 모든 것들이 하나님의 영적 감동을 통해 전달되면 어떤 일이 일어나는가? 그러면 속량 받은 지성은 그런 것들을 깨닫게 되고, 하나님나라의 아들들은 그런 것들을 통해 풍성한 열매를 맺게 된다.

성령의 조명하심과 인도하심이 함께할 때 기도하며 열심히 배우는 성도는 기독교 철학자가 되고, 현자(賢者)가 되고, 신령한 일들의 박사가 될 수 있다. 뿐만 아니라 그런 신자는 하나님의 사람이 되어 그 세대의 사람들에게 빛을 비추어줄 수 있다.

결론적으로 말해, 우리의 사고만으로 하나님을 알 수 있는 것은 아니다. 하지만 깊은 묵상과 사색이 없다면 하나님을 잘 알 수 없는 것이 사실이다.

27

하나님의 사랑으로
사랑하라

하나님이 피조물을 사랑하시는 이유

본질적으로 하나님은 자기 자신을 순수하고 완전한 사랑으로 사랑하지 않을 수 없는 존재이시다. 하나님의 세 위격(位格)은 서로를 사랑하시는데 그 사랑은 지극히 뜨겁고 부드러우며 우리가 감히 표현할 수 없을 정도로 강한 사랑이다.

하나님께서 직접적으로 사랑할 수 있는 존재는 오직 하나님 자신뿐이다. 하나님께서 사랑하시는 그 밖의 모든 존재들은 그분을 위해 존재한다. 하나님께서 그것들을 사랑하시는 것은 그것들에게서 하나님 자신의 모습이 비치는 것을 어느 정도 보시기 때문이다.

하나님께서는 아무 말도 못하는 자신이 만드신 피조물을 사랑하시는데, 그것은 하나님의 지혜와 능력이 그것들에게서 불완전하게나마 나타나기 때문이다. 하나님께서 천사들과 스랍들을 사랑하시는 이유는 그것들에게서 하나님의 거룩함이 어느 정도 드러나기 때문이다. 하나님께서 사람들을 사랑하시는 이유는 그들에게서 하나님의 형상의 잔재가 발견되기 때문이다.

기본적으로 하나님께서는 모든 사람을 똑같이 사랑하시지만, 그분의 능동적 사랑의 빛이 어떤 사람들에게는 더 많이 비추어진다. 그 빛이 얼마나 많이 비추어지는가 하는 것은 하나님께서 자기 자신을 그들에게 얼마나 많이 주시는가 하는 것에 따라 좌우된다. 진정으로 그리스도를 닮은 사람은 하나님의 사랑을 더 많이 누리게 되는데, 그것은 그 사람에게서 하나님의 형상이 더욱 많이 나타나기 때문이다. 그 사람보다 덜 깨끗한 사람에게서는 하나님의 사랑이 더 적게 나타난다.

하나님은 자신의 아들을 무한히 사랑하시는데, 그 아들은 "하나님의 영광의 광채시요 그 본체의 형상"(히 1:3)이시기 때문이다. 하나님은 모든 사람들이 그리스도를 닮기를 원하시는데, 왜냐하면 그리스도를 많이 닮을수록 하나님의 사랑을 더욱 많이 받기 때문이다.

속량 받은 사람이 그리스도의 본성을 닮게 되면 그 사람 안에서는 하나님의 형상이 회복된다. 그렇게 되면 하나님께서는 그에게 하나님의 사랑을 끝없이 부어주신다. 하나님께서는 모든 사랑의 원천이시다.

나를 향한 사랑의 선포를 믿어라

죄인은 자신이 하나님의 사랑을 받는 대상이라는 사실을 믿기 힘들다. 왜냐하면 그의 양심이 그를 비난하기 때문이다. 그는 자신이 하나님의 원수라는 것을 안다. 그는 자신의 악한 행위들 때문에 자신의 마음이 하나님으로부터 멀어져 있다는 것을 안다. 그는 자신의 수많은 죄 때문에 그토록 순수한 그분의 사랑을 누릴 수 없다고 생각한다.

그러나 성경 전체는 죄인을 향한 하나님의 사랑을 선포한다. 우리는 하나님의 사랑을 믿어야 하는데, 하나님께서 그 사랑을 선포하시기 때문이다. 우리는 거룩하게 하는 그리스도의 은혜를 의지해야 하는데, 그렇게 해야 하나님의 사랑을 충만히 받아 누릴 수 있기 때문이다.

지극히 높으신 하나님께서 우리에게 베푸신 사랑은 온 피조 세계가 다 깨달을 수 없을 만큼 크고 넓다. 하나님께서 우리를 얼마나 많이, 얼마나 아름답게, 얼마나 부드럽게 사랑하시는지를 다 알 수 있는 피조물은 없다. 하지만 하나님께서 우리에게 은혜와 도움을 베푸시면 우리는 하나님의 선하심에서 나오는 그분의 무한한 사랑을 보고 영원히 그분을 찬양하게 된다. 하나님의 사랑을 깨달은 자는 경외하는 마음으로 그분께 무엇이든지 구할 수 있다.

사랑의 시작은 하나님이시다

하나님은 사랑이시다. 그렇기 때문에 하나님께서는 모든 사랑의 원천이시다. 하나님의 모든 계명들 중에서 첫째가는 것은 우리가 전심으로 하나님을 사랑해야 한다는 것이다. 그런데 그런 사랑이 우리에게서 시작될 수 없다는 것을 그분은 잘 알고 계신다. 그래서 요한은 "우리가 사랑함은 그가 먼저 우리를 사랑하셨음이라"(요일 4:19)고 말한다. 이 말에는 사랑의 성경적 원리와 사랑의 심리학적 원리가 담겨 있다. 우리는 하나님을 마땅히 사랑해야 하지만, 그것은 하나님께서 우리의 마음에 거룩한 소원의 불을 붙여주실 때 비로소 가능해진다.

그런데 감정적 사랑만 있는 것이 아니다. 의지적(意志的) 사랑도 있다. 우리 마음속에 강한 감정이 생기지 않는다 할지라도 우리의 의지로 하나님을 사랑하면 감정이 저절로 따라오게 되어 있다.

하나님의 계시의 말씀에 순종하자. 그러면 하나님을 향한 사랑이 흘러나올 것이다. 순종은 믿음을 강하게 할 것이고, 믿음은 지식을 증가시킬 것이다. 하나님을 더 많이 알수록 하나님을 향한 사랑이 더욱 샘솟고 더욱 성장한다는 것이 잘 알려진 영적 법칙이다. 하나님을 알면 하나님을 사랑하게 되고, 하나님을 더 많이 알면 하나님을 더욱 사랑하게 된다.

28

하나님은 믿음의 기도로
일하신다

동전의 양면 같은 믿음과 기도

구약의 욥기에 따르면, 회의주의자는 경멸하는 말투로 "전능자가 누구이기에 우리가 섬기며 우리가 그에게 기도한들 무슨 소용이 있으랴"(욥 21:15)라고 말한다.

회의주의자의 이런 말투를 볼 때 우리는 그의 질문이 수사의 문문이라는 것을 쉽게 알 수 있다. 빌라도가 그랬던 것처럼 그도 자기 질문에 대한 대답을 기다리지 않는다. 자기의 생각이 확실히 옳다고 믿기 때문에 그는 대답조차 들을 필요가 없다는 듯이 경멸적인 질문을 던지고 만다. 그러나 우리는 그의 질문에 제대로 대답할 수 있다. 하나님께서 그 대답을 내놓으셨고 역사상 여러 시대들이 그분의 대답에 "아멘!"이라고 화답했다.

믿음이 주는 유익들을 열거한 히브리서 11장에 의하면, 믿음은 칭의(稱義), 구원, 열매 맺음, 오래 참음, 적들에 대한 승리, 담대함, 강함, 심지어 죽은 자들로부터의 부활을 가능하게 한다. 그런데 "믿음 때문에 얻을 수 있는 유익들은 사실 기도 때문에 얻을 수 있는 유익들이다"라고 말해도 전혀 틀린 말이 아니다. 왜냐하면 믿음과 기도는 동전의 양면과 같기 때문이다. 믿음과 기도는 서로 분리될 수 없다.

믿음이 없는 사람이 기도하는 경우가 때로는 생긴다. 물론 그런 기도는 참된 기도가 아니다. 그런데 믿음 있는 사람이 기도하지 않는다는 것은 있을 수 없는 일이다. 야고보서 5장 15절에는 '믿음의 기도'(the prayer of faith)라는 표현이 등장한다. '~의'(of)라는 작은 전치사가 믿음과 기도를 하나로 묶어주는데, 하나님께서 묶으신 것을 인간이 풀어버리면 안 된다. 결국 기도라는 행동으로 이어지지 않는 믿음은 참된 믿음이 아니다.

알프레드 로드 테니슨(Alfred Lord Tennyson, 1809~1892. 영국의 계관시인)은 "이 세상이 꿈도 꾸지 못할 일들이 기도로 이루어질 수 있다"라고 말했다. 물론 맞는 말이다. 그런데 그런 테니슨조차 자신이 한 말의 깊은 의미를 다 이해하지 못했을 것이다. 하나님이 이 우주 안에서 어떤 일을 행하실 때마다 그것이 우리의 기도 때문인지 아닌지를 확인하는 일은 불가능할 것이다. 하지만 하나님이 이 땅에서 살아가는 '우리를 위해' 이루시

는 모든 것이 기도 때문이라고 말해도 틀린 말이 아니다. 이것
은 성경에 기록된 기도의 사건들을 조금만 읽어보아도 쉽게 알
수 있는 사실이다.

전능으로의 초대

기도의 유익이 무엇인가? 범사에 많다! 하나님께서 하실 수
있는 것을 믿음이 다 할 수 있고, 믿음이 할 수 있는 것을 기도
가 다 할 수 있다. 물론 그렇게 되려면 기도가 믿음으로 드려져
야 한다. 기도로의 초대는 전능으로의 초대인데, 그것은 전능
하신 하나님께서 기도를 통해 우리의 일에 개입하시기 때문이
다. 하나님께 불가능한 것이 없듯이, 믿음으로 기도하는 사람
에게는 불가능한 것이 없다. 이 세대는 믿음을 지닌 사람들이
기도로써 이룰 수 있는 모든 것을 아직 다 보지 못했다.

조지 뮬러(George Muller, 1805~1898. 자선사업가 및 '그리스도인
형제단' 운동의 지도자)는 "믿음은 사용할수록 성장한다"라는 유
명한 말을 남겼다. 큰 믿음을 갖길 원하는가? 그렇다면 현재 가
지고 있는 작은 믿음을 자꾸 사용하라. 경건한 마음으로 기도
하면서 믿음을 사용하면 그 믿음은 날마다 자랄 것이다. 현재
의 사소하고 일상적인 일에서부터 하나님을 믿고 의지하라. 시
간이 쌓이면 거의 기적에 가까운 일을 그분께 얻어낼 수 있을

것이다.

조지 뮬러는 "성도라면 누구에게나 어느 정도의 믿음이 있다"라고 말했다. 그렇다! 성도들 사이에서 차이는 믿음의 분량의 차이일 뿐이다. 믿음이 적은 사람은 믿음을 사용하지 않았기 때문에 늘 적은 믿음에 머물러 있는 것이다.

성경의 교훈에 따르면, 하나님께 구하여 좋은 것을 얻든지 아니면 구하지 않아서 좋은 것을 얻지 못하든지 둘 중의 하나가 있을 뿐이다. 그러므로 이제부터 우리가 어떻게 해야 할지가 아주 분명해졌다. 우리의 선택은 기도하는 것밖에 없다! 응답을 받을 때까지 구하고 또 구하는 것이다! 하나님께서는 믿음으로 구하는 하나님의 자녀들을 위해 능력을 베풀기 위해 기다리신다. 이 세상은 하나님이 개입하지 않으시면 문제가 해결될 수 없을 만큼 절망적 상태에 빠져 있다. 우리가 기도하지 않으면 하나님께서 실망하시고 세상도 실망한다. 기도하지 않는 어리석음을 범하지 말자.

29

말씀으로 불신앙을
치료하라

하나님에 대한 잘못된 개념

다른 모든 조건들이 동일하다고 전제될 때, 어떤 사람이나 어떤 국가가 하나님에 대해 어떤 개념을 갖고 있는지를 보면 그 사람이나 그 국가의 미래를 예견할 수 있다.

하나님에 대한 개념이 낮은 수준에 머무는 나라는 결코 높은 수준으로 발전할 수 없다. 로마는 판테온(Pantheon)의 가혹한 신들에 대한 믿음을 고수하는 동안 철권통치를 버릴 수 없었다. 로마 시민들은 신(神)에 대한 잘못된 개념을 가졌을 뿐만 아니라 자신들이 섬기는 신들의 성격을 무의식적으로 모방했다. 로마가 하나님에 대해 제멋대로 생각하기 시작했을 때 로마는 내적으로 부패하기 시작했고, 결국 그 부패로 인하여 멸망했다. 로마가 주는 교훈은 개인이나 국가에 그대로 적용된다.

교회가 하나님에 대해 고상한 개념을 가지면 강해지고, 그분에 대해 저급한 개념을 가지면 약해진다. 왜냐하면 믿음은 우선 약속에 뿌리를 두지 않고 인격에 뿌리를 두기 때문이다. 성도의 신앙은 자신이 지니고 있는 하나님에 대한 개념의 한계를 벗어나서 성장하지 못한다. 약속이란 약속한 사람의 인격만큼 가치가 있다. 다시 말해서, 약속은 약속한 사람의 인격보다 더 큰 가치를 가질 수 없고 그의 인격보다 더 작은 가치를 가질 수도 없다. 하나님에 대해 불충분한 개념을 가진 사람의 믿음은 약해질 수밖에 없는데 그것은 우리의 믿음이 그분의 인격에 뿌리를 두기 때문이다. 마치 건물이 그 기초에 뿌리를 두듯이 말이다.

이런 점을 생각할 때 우리는 불신앙이 왜 그토록 통탄스런 죄인지를 이해할 수 있다. 불신앙은 하늘과 땅의 주인이신 하나님을 모욕하는 것이다. 불신앙하는 사람들은 하나님을 신뢰할 수 없는 분이라고 여기기 때문에 그분을 신뢰하지 않는다. 성경은 "하나님을 믿지 아니하는 자는 하나님을 거짓말하는 자로 만드나니"(요일 5:10)라고 말한다. 우리는 이 말에 담긴 깊은 의미를 회피하지만, 사실 이 말에는 "불신앙하는 사람들은 하나님께 사탄의 속성이 있다고 본다"라는 뜻이 들어 있지 않은가? 예수님은 사탄에 대해 "그(사탄)가 거짓말쟁이요 거짓의 아비가 되었음이라"(요 8:44)고 말씀하셨다. 사실상, 불신앙은 이와 동일한 이야기를 하나님에 대해 하는 것이다.

말씀 위에 세워진 견고한 믿음

그렇다면 불신앙을 치료하고 신앙을 강화하는 방법은 무엇인가? 어떤 사람들은 성경을 믿으려고 필사적으로 애쓰지만 그런 것으로는 되지 않는다. 또 하나님의 약속을 믿으려고 필사적으로 노력하지만 그것으로도 되지 않는다. 의지(意志)의 행동을 통해 믿음을 훈련하겠다고 이를 악물고 결심하지만 그것으로도 역시 되지 않는다. 이런 것들을 시도해보았지만 결과는 좋지 않다. 믿음을 만들어내려는 이 모든 시도는 인간의 마음과 생각의 원리와 법칙에 어긋나는 잘못된 것이다.

그렇다면 어떻게 해야 믿음이 생기는가? 구약의 욥기에는 "너는 하나님을 알고 평안하라"(욥 22:21, 영어성경 흠정역)라는 말씀이 나온다. 사도 바울은 "믿음은 들음에서 나며 들음은 그리스도의 말씀으로 말미암았느니라"(롬 10:17)라고 말했다. 우리는 이 두 말씀에서 강하고 지속적인 믿음을 얻을 수 있는 방법을 알 수 있다. 이 두 말씀을 하나로 묶어서 표현하면 다음과 같은 말씀이 우리에게 주어진다.

"성경을 읽어서 하나님을 알라. 그러면 믿음이 자연히 생길 것이다."

물론, 성경을 읽을 때는 겸손한 자세로 읽어야 한다. 겸손한 자세는 자신의 능력을 부인하고 성령의 은혜로운 역사에 마음을 여는 것을 의미한다. 앞서 한 말을 다르게 표현하고자 한다.

"기도하면서 하나님의 말씀을 꼭꼭 씹어 먹으면 그분에 대한 개념이 성숙할 것이기 때문에 인간적 노력 없이도 믿음이 생길 것이다."

이렇게 생긴 믿음은 오래 지속될 수밖에 없는데 왜냐하면 만세 반석 위에 세워진 믿음이기 때문이다.

30

하나님의 온전한 형상을
회복하라

생각하는 인간

인간의 본성이 타락하여 도덕적으로 망가졌지만 그럼에도 불구하고 인간은 하나님의 피조세계에서 가장 높은 자리에 있다. "하나님이 자기 형상 곧 하나님의 형상대로 사람을 창조하시되"(창 1:27)라는 말은 오직 인간에게만 해당되는 말씀이다. 인간 이외의 어떤 다른 존재에 대해서도 이렇게 말할 수 없다.

인간의 본성을 살펴볼 때 우리는 인간이 세 가지를 하도록 창조되었다는 것을 알 수 있다. 첫째는 생각하는 것이요, 둘째는 예배하는 것이요, 셋째는 일하는 것이다.

'생각하는 것'에는 인간의 지성이 할 수 있는 모든 것들이 포함된다. 가벼운 사고(思考)에서부터 창작이나 국가의 건설 같은 고차원적 사고에 이르기까지 아주 많은 것들이 포함된다. 관찰하고 의문을 제기하고 자료를 수집하고 원인을 추적하여 법칙이나 원리를 찾아내는 능력에 있어서 인간은 다른 모든 피조물들의 추종을 불허한다. 생각하는 인간은 자연의 맹렬한 힘을 길들이고 질병을 정복하고 인체의 장애와 불편을 개선해왔다. 그렇게 할 수 있었던 것은 상상력의 날개를 타고 미지의 세계로 날아갔기 때문이며, 과거와는 전혀 다른 대담한 창의적 사고를 했기 때문이다.

인간이라는 원석을 잘 다듬어서 '사고하는 인간', '상상하는 인간' 그리고 '꿈꾸는 인간'을 만들어내는 것은 이 사회가 시급히 해야 할 일들 중 하나이다. 이런 일은 유아원에서 시작되어 대학까지 이어진다. 온 인류는 사람들에게 사고를 가르치는 일에 헌신하는 기관에 감사해야 한다. 그런 기관은 작든 크든, 유명하든 무명하든 마땅히 감사의 말을 들어야 한다.

예배하는 인간

그러나 사고만으로는 충분하지 못하다. 인간은 예배하도록 만들어진 존재이다. 즉, 말로 다 표현할 수 없이 지극히 크신 분 앞에 엎드려 경배하도록 만들어진 존재이다. 인간 본성의 맨 꼭대기에 있는 것은 인간의 지성이 아니라 인간의 영(靈)이다. 인간의 영은 초자연적인 것과 관계를 맺을 수 있다. 인간의 영은 성령의 감동에 따라 소생하여 하늘과 의식적 교감을 나눌 수 있고, 하나님의 성품에 참여할 수 있으며, 말로 다 표현할 수 없을 정도로 놀라운 존재이신 하나님을 보고 느끼고 그분의 말씀을 들을 수 있다.

따라서 사고하는 인간을 육성하기 위해 헌신하는 기관이 사고하는 인간을 예배하는 인간으로 만들어준다면 우리는 그런 기관에 더욱더 감사해야 할 것이다. 초등학교부터 대학교까지 많은 교육기관이 인간의 지성만을 훈련하는 데 만족하는 것이 현실이다. 그런 기관들은 자신들이 인간의 일정 부분만을 훈련시킨다는 사실을 모르고 있다. 그들이 훈련시키는 부분이 중요한 것이기는 하지만 그것은 어디까지나 인간의 한 부분에 지나지 않는다. 세상에서 지혜로운 사람이라 할지라도 예배하는 법을 배우지 않았다면 그는 성숙한 단계에 이르지 못하고 초보적인 단계에 머물러 있는 일종의 반인(半人)이다. 그가 더욱 성장하려면 그리스도께서 그에게 생명을 불어넣어 주셔야 한다. 그럴 때 비로소 그는 영적으로 태어나 영생을 얻게 된다.

일하는 인간

그런데 인간이 사고하고 예배하는 것만으로는 아직 온전한 인간에 도달했다고 말할 수 없다. 그것은 일하는 인간이 되어야 하기 때문이다. 오늘날 이 세상에는 깊은 생각을 하는 경건한 사람들이 해야 할 일들이 아주 많다. 앞으로도 계속 그럴 것이다. 도덕적 관점에서 말하자면, 이 세상은 폭격 맞은 도시 같다. 영적으로 볼 때, 도시의 길거리는 꽉 막혀 있고 도시의 건물들은 폐허로 변해버렸고 부상자와 노숙자가 도움의 손길을 기다리고 있다. 그들의 고통을 해결해줄 사람들의 도움이 그들에게는 절실히 필요하다.

자신의 지적 재능을 창조적 일에 사용할 수 없는 사람을 가리켜 우리는 교육받은 사람이라고 말할 수 없다. 남을 위해 자신을 희생한 고상한 일이라고 해도 영원한 가치를 위한 일이 아니라면 결코 영원한 일이라고 말할 수 없다. 오직 예배의 영으로 행한 일만이 영원히 지속될 수 있다.

사고하는 인간이 되면 큰 발전을 이룬 것이다. 사고하는 인간이 예배하는 인간으로 변한다면 온전한 인간을 향해 더 큰 발전을 이룬 것이다. 사고하고 예배하는 인간이 자기에게 손이 있다는 것을 깨닫고 하나님의 영광과 인류의 유익을 위해 온몸을 바쳐 일한다면 가장 큰 발전을 이룬 것이다. 그런 큰 발전을 이룬 사람은 아담의 타락 때문에 파괴된 하나님의 형상을 회복하고 그리스도를 닮기 위해 나름대로 한 걸음을 내디딘 것이다.

31

하나님께 선택된 사람은
다르게 산다

'누구나'의 범위

언뜻 보기에 모순된 것으로 보이는 진리들이 성경에 나오는데, 특히 요한복음에 많이 나온다.

그런 진리들 중 하나는 사람이 그리스도께 나아오는 문제에 관한 것이다. 성경은 누구나 그리스도께 나아올 수 있다고 말한다. 그러면서 또 성경은 하나님의 주권적 역사가 먼저 사람의 마음에서 일어나야 그가 그리스도께 나아올 수 있다고 말한다.

"언제나 어떤 상태에 있든 간에 누구든지 성령의 도움 없이도 종교적 동기에 의해 하나님께 나아가는 삶을 시작할 수 있다. 순간적인 의지(意志)의 결정에 의해 그리스도를 믿고 구원을 얻을 수 있다"라고 말하는 사람이 있다면, 그는 성경의 교훈과 정반대되는 이야기를 하는 것이다.

사람들을 부르시는 하나님의 초대는 넓은 것이지만 무제한적인 것은 아니다. '누구나'(whoever)라는 말이 구원의 문을 활짝 열어버린 것은 사실이지만 최근 몇 년 동안 교회는 복음의 초대를 너무 넓은 범위로 확대해버렸다. 그 결과, 성경의 교훈과는 달리 최근 복음의 초대는 하나님 중심적인 것이 아니라 인간 중심적인 것으로 변질되었다.

우리는 '누구나'라는 말을 따로 떼어놓고 생각해서는 안 되고 그것을 '그리스도께 나아가다'라는 말이나 '믿다'라는 말과 함께 고려해야 한다. 성경의 교훈에 따르면, 하나님께서 우리 안에서 미리 역사하지 않으시면 우리가 그리스도께 나아가 믿음을 갖는 것은 불가능하다.

자기 안에서 구원을 찾는 사람들

요한복음 6장에는 우리 주님의 말씀이 기록되어 있는데 복음을 믿는 그리스도인들도 그 말씀에 대해 이야기하기를 두려워한다. 우리 대부분은 그 말씀에 신경 쓰지 않고 넘김으로써 그럭저럭 신앙생활을 해나간다. 그렇다면 그 말씀은 무엇인가? 그것은 대략 네 가지로 정리될 수 있다.

첫째, 아버지께서 그리스도께 주신 자들만이 그리스도께 나아올 수 있다(요 6:37 참조).

둘째, 자기 스스로 그리스도께 나아올 수 있는 사람은 아무도 없다. 아버지께서 이끌어주신 사람만이 그분께 나아올 수 있다(요 6:44 참조).

셋째, 그리스도께 나아올 수 있는 능력은 아버지의 선물이다(요 6:65 참조).

넷째, 아버지께서 아들에게 주신 사람들은 모두 그분께 나아올 것이다(요 6:37 참조).

요한복음 6장에 기록된 그리스도의 이 말씀을 듣자마자 그리스도의 제자들 중 많은 자들이 그분을 영영 떠났다는 것은 그리 놀랄 만한 일이 아니다. 그리스도의 이 말씀이 자연인(自然人)의 마음에 큰 충격을 주는 것은 당연하다. 자연인은 자신의 의지적 결정의 힘에 대해 터무니없는 자만심을 갖고 있지만 그분의 이 말씀은 그런 자만심을 무너뜨린다. 자신의 의지적 결단으로 믿음에 이를 수 있다는 자연인의 착각이 이 말씀 앞에서 여지없이 깨어지면 그는 하나님의 주권적 은혜에 의지하게 될 것이다. 하지만 그는 그런 것을 원하지 않는다.

물론 그는 은혜로 말미암아 구원 받기를 원한다. 하지만 자신의 자존심을 유지하길 원하기 때문에 그는 구원을 원하는 마음이 자기로부터 시작되었다고 믿는다. 구원을 원하는 마음이 자기에게 있기 때문에 자신이 그리스도께 나아갈 수 있는 것이라고 그는 믿는다. 구원을 원하는 마음! 그것은 그가 자랑스럽게 여기는 땅의 소산이다. 그가 보기에 자기의 구원은 자기 손 안에 있다. 하지만 그의 구원은 그의 손 안에 있지 않다. 절대 그럴 수 없다.

인간의 의지로 구원의 문제를 해결할 수는 없다. 이것이 우리에게 어려움을 주는 것이 사실이다. 하지만 그럼에도 나름대로 밝은 가능성을 보여주는 사람들이 일부 있는 것도 사실이다. 그런 사람들은 어떤 이들일까? 비록 아직 회심(回心)한 것은 아니지만 그래도 많은 대중과는 달리 하나님을 향해 가까이 나아오고 있는 자들이 바로 그런 사람들이다. 그런 사람들은 하나님께서 특별한 관심을 보이신 사람들이다. 그들은 영혼에 상처를 입고 그리스도의 부름에 강한 감수성을 보인다는 점에서 대중과 구별된다.

하나님께 선택된 사람들의 특징

이런 이야기를 단지 교리로 취급하는 것에는 내가 별로 관심이 없다. 다만 나는 그런 사람들을 어떻게 구별해낼 수 있을까 하는 문제에는 관심이 많다. 만일 하나님께서 어떤 사람에게 손을 대셨다면 그는 달라질 수밖에 없다. 그에게서는 어떤 특징들이 나타나는데 그것들을 쉽게 알아볼 수 있는 것은 아니지만 그래도 나는 그것들이 어떤 것인지를 조심스럽게 이야기하지 않을 수 없다.

1. 경외심과 도덕의식

그 특징들 중 하나는 하나님의 일들에 대한 깊은 존경심이다. 거룩한 것들을 느끼지 못하는 사람에게는 하나님과 진리에 대한 감수성이 없다. 하지만 하나님께서 손을 대신 사람들의 경우에는 대개 회개와 믿음 전에 하나님에 대한 신비로운 경외심이 생긴다(이것은 하나님의 선물이다). 하지만 그렇지 않은 무수한 사람들은 이 세상에 나타나는 하나님의 임재를 느끼지 못하며 살아간다. 그들이 선하고 정직할지는 모르지만 그들은 어차피 땅의 사람들이요, 결국 흙으로 돌아갈 유한한 인간이요, 성령의 부르심에 저항하는 자들이다.

또 다른 특징은 강한 도덕의식이다. 대부분의 사람들은 마음과 양심의 문제들에 무감각하다. 그러므로 적어도 그들의 현재 상태만 보면 그들이 구원으로부터 멀리 떨어져 있다고 말할 수밖에 없다. 그러나 하나님께서 어떤 사람을 구원으로 이끌어주는 작업을 시작하시면 그는 악의 문제에 예민해지게 된다. 하나님께서 그의 마음에 변화를 일으키셨기 때문이다. 탕자가 고향 집으로 향하기 시작한 것은 돼지우리에서 느낀 혐오감 때문이었다. 우리로 하여금 하나님께로 향하게 만드는 악에 대한 혐오감은 하나님의 선택된 자들을 위한 하나님의 선물이다.

2. 양심과 영적 굶주림

성령의 역사의 또 다른 특징은 어떤 사람들의 마음속에 도덕적 불만족이 생긴다는 것이다. 죄인들을 변화시키기 위해 우리는 그들에게 "하나님 없는 행복은 진정한 행복이 아닙니다"라고 역설한다. 그러나 대부분의 사람들은 건강과 출세와 경제적 능력이 주어지면 그것들을 즐기느라고 바쁘다. 죄는 쾌락을 준다(히 11:25 참조). 대다수의 사람들은 내세에 대한 개념 없이 현세를 즐기려고 혈안이 되어 있다. 양심이라는 것이 신경 쓰이는 문제이긴 하지만 대부분의 사람들은 인생의 꽤 이른 시기에 양심을 창고에 처박아두는 데 성공하기 때문에 그 이후에는 양심의 가책을 거의 받지 않고 살아간다.

하나님께서 어떤 사람의 마음에 역사하실 때 비로소 그는 자신과 세상에 대해 반감을 갖게 된다. 그렇게 되기 전에는 회개와 믿음에 이를 수 있는 마음의 상태가 그에게 생기지 않는다. 세상의 도덕적 기준이나 자신의 불경건에 대해 불만이 없는 사람에게는 믿음이 들어가지 않는다. 에서의 치명적 결점은 도덕적 자만에 빠졌다는 것이다. 반면, 야곱의 유일한 미덕은 자신에 대한 깊은 불만이었다.

내가 언급하고 싶은 또 다른 특징은 강렬한 영적 굶주림이다. 구원에 이르기 전에 우리에게는 강렬한 영적 굶주림이 생긴다. 당신과 매우 가깝게 지내는 사람들의 마음을 들여다보라. 그들에게서 영적 굶주림이 거의 발견되지 않을 것이다. 신앙생활이나 경건한 언행 같은 것들이 그들에게 있지만 아마도 영적 굶주림은 없을 것이다. 그러나 하나님께서 인도하고 계신 사람의 경우는 다르다. 그런 사람들에게서는 영적 굶주림이 발견되는데 그것은 그들 안에서 그분이 먼저 일하셨기 때문이다. 주님은 이렇게 말씀하셨다

"너희가 나를 택한 것이 아니요 내가 너희를 택하여 세웠나니"(요 15:16).

32

성령님이 거하시는
교회를 이루라

참된 교회의 정의

지구상에서 가장 중요한 공동체는 하나님께서 그리스도의
보혈로 사신 그분의 '교회'이다. 이것은 의심할 여지없이 분명
한 사실이다. 그러나 불행하게도 '교회'라는 말에 처음에 없던
이상한 의미들이 달라붙게 되었다. 그 결과, '교회'라는 말은
교회의 안과 밖에서 엄청난 해(害)를 당했다.

'교회'라는 말이 진정한 그리스도인에게 어떤 의미를 갖는지
를 분명히 밝혀준 분들은 예수님과 예수님 당시의 사도들이다.
우리는 그 분들이 가르쳐준 교회의 의미를 붙들어야 한다. 그
분들이 가르쳐준 교회의 의미를 바꾸어버릴 수 있는 권세는 천
사에게도 없고 다른 어떤 인간에게도 없다.

'교회'라는 말의 어원적 의미는 쉽게 이해될 수 있는 것이지

만, 그 말에 담긴 더 큰 의미는 신약성경에서 배워야 한다. '교회'라는 놀라운 말에 담긴 모든 것을 논하려면 한 문장의 글이나 한 문단의 글로는 부족하다. 한 권의 책으로 쓴다 할지라도 그 모든 것을 다 논하는 것은 거의 불가능하다.

보편적 교회는 그리스도의 몸이요, 어린양의 신부요, 성령을 통해 하나님께서 거하시는 곳이요, 진리의 기둥과 기초이다. 개교회(個敎會)는 속량 받은 사람들의 공동체요, 소수자들의 그룹이요, 이 땅에 거하는 천상의 무리요, 타국에서 작전을 수행하는 군대요, 주인의 명령에 따라 일하는 추수꾼들이요, 선한 목자를 따르는 양떼요, 동일한 마음을 가진 형제단이요, 눈에 보이지 않는 하나님을 드러내는 눈에 보이는 대표단이다.

교회를 이야기할 때 '사역'이나 '프로젝트'의 관점에서만 말하는 것은 바람직하지 못하다. '사역'이나 '프로젝트'라는 말을 굳이 사용해야 한다면 교회의 외형적이고 법률적인 측면을 언급할 때만 사용해야 한다. 진정한 교회는 초자연적이고 신적(神的)인 것이다.

또한 진정한 교회는 예루살렘에서 시작된 최초의 교회를 정통으로 계승한 교회여야 한다. 신령한 교회라야 진짜 교회이다. 교회의 사회적 측면은 부차적인 것이다. 경건이 결여된 집단도 교회의 사회적 측면을 모방할 수 있다. 참된 교회의 영적 본질은 새로워지고 내적으로 연합된 신자들의 무리에서만 발견된다.

진정한 교회가 영적 성장을 이끈다

그리스도인의 생명은 한 개인에게서 시작된다. 다시 말해서 어떤 개인이 하나님을 만나 구원을 얻게 되면 그에게서 그리스도인의 생명이 시작되는 것이다. 그러므로 교회 전체가 나서서 애를 쓴다 할지라도 죄인을 그리스도인으로 만들 수는 없다. 죄인을 그리스도인으로 만드는 것은 오직 하나님만이 하실 수 있다. 하지만 하나님을 만나서 새로 태어난 그리스도인의 생명이 가장 잘 성장할 수 있는 환경은 바로 신자들의 공동체이다. 사람들은 서로 어울려 살도록 만들어졌는데 이 사실이 가장 잘 드러나는 곳이 바로 교회이다.

다른 모든 조건들이 동일하다고 가정할 때, 그리스도인 개인의 영적 생명을 최대한 성장하도록 만들어주는 완벽한 환경은 개교회(個敎會)라는 공동체이다. 그가 하나님께 받은 은사와 능력을 최대한 발휘할 수 있는 최적의 장소도 개교회이다.

혼자 신앙생활을 하는 사람은 몇 가지 면에서는 장점을 가질 수 있다. 예를 들어, 많은 사람들이 모일 때 생길 수 있는 짜증스런 일들을 피할 수 있다. 하지만 그런 사람은 '절반의 인간'이다. 더 나쁜 것은 '절반의 그리스도인'이다. 혼자서 영적 체험을 했다 할지라도 그 다음에는 즉시 공동체로 돌아가야 한다. 그래야 그 영적 체험이 유익한 결과를 낳을 수 있다. 또 그래야 기독교 신앙이 현재의 삶 속에서 그 꽃을 활짝 피울 수 있다.

그런데 이런 것은 한 가지 전제조건이 충족되어야 가능하다. 그 전제조건이란 '개교회가 진정한 교회여야 한다'는 것이다. 진정한 교회가 되려면 '성도의 교제'가 사도신경에 들어 있는 형식적 신앙고백이 아니라, 실제로 믿음과 사랑 안에서 실천되어야 한다. 진정한 교회가 아닌 곳은 '종교적 또는 사회적 단체'라고 불릴 수밖에 없다. 우리 주변에서 어렵지 않게 볼 수 있는 그런 단체에서 예배는 하나의 예식이고, 설교는 시사평론이고, 기도는 그 자리에 있지 않은 어떤 존재에게 하는 어색한 인사말에 불과하다. 우리가 알고 있는 성경의 교훈에 비추어볼 때 그런 단체는 교회라고 말할 수 없다.

교회 안에서 천상의 교제를 누려라

참된 교회가 되기 위한 조건들이 그리 많은 것은 아니다. 또 그런 조건들을 충족시키는 일이 그리 어려운 것도 아니다. 성도들이 있고, 주님이 계시고, 성령이 거하시고, 살아 계신 하나님의 말씀이 있으면 교회가 되는 것이다.

주님을 경배하고 성령님께 순종하며 믿음과 행위의 유일한 기준인 말씀을 배우고 실천하라. 그러면 마하네단에서 하나님의 능력이 삼손에게 나타났듯이 우리에게도 나타날 것이다.

참된 교회는 그 자신의 독특한 영적 문화를 만들어내는 법이다. 그것은 사람들이 머리를 써서 만들어낸 문화와 전혀 다른 것이요, 과거나 현재의 그 어떤 세상 문화보다도 우월한 문화이다. 하나님께서는 자신의 백성이 내세에서 살아갈 수 있도록 준비시키시는데, 그때 하나님은 개교회를 작업장으로 사용하시어 자신의 복된 일을 이루어나가신다.

참된 성도들의 공동체에 들어가 천상의 교제를 맛보며 생활하고 사랑하고 봉사하는 그리스도인은 참으로 행복한 그리스도인이다. 그는 이 세상의 다른 무엇보다도 그런 공동체를 소중히 여기기 때문에 공동체를 위해 최고의 충성과 헌신을 다 바친다.

33

받은 복을 나누는
제자의 삶을 살아라

이기적인 자아에서 벗어나라

영적 체험은 서로 나누어야 한다. 영적 체험을 오랫동안 혼자 즐기는 것은 불가능하다. 만일 그렇게 하려고 한다면 영적 체험은 망가지고 만다.

왜 그럴까? 그 이유를 아는 것은 어렵지 않다. 우리의 영혼이 하나님께 가까이 갈수록 우리의 사랑은 더 자라게 된다. 우리의 사랑이 더 커지면 우리는 이기적인 자아(自我)에서 더욱 많이 벗어나게 되고, 다른 사람들의 영혼에 대해 더욱 많은 관심을 갖게 된다. 그러므로 진정한 영적 체험이라면 그것은 우리가 누리는 은혜를 다른 사람들도 누리길 바라는 강렬한 소원을 낳는다. 이런 소원이 마음속에서 일어나는 사람이, 다른 사람들이 하나님과 더욱 가깝고 더욱 만족스런 교제를 나누도록 돕기 위해 노력하게 되는 것은 매우 자연스런 일이다.

인류는 하나이다. 하나님께서는 "인류의 모든 족속을 한 혈통으로 만드사 온 땅에 살게"(행 17:26) 하셨고, 사회의 각 구성원들이 서로를 위해 살도록 만드셨다. 사회의 구성원들이 서로에게 도움을 주고받는 것이 하나님의 본래 뜻이다. 인간의 창조 목적을 성취하기에 가장 좋은 입장에 서 있는 사람은 혼자 고립된 상태에서 사는 사람이 아니라 사회의 한복판에서 사는 사람이다.

물론 강가에서 하나님과 씨름한 야곱처럼 하나님을 만나기 위해 일정 기간 혼자 있어야 할 때도 있다. 하지만 혼자 있으면서 체험한 것이 결국에는 가족과 친구와 사회에 유익을 주어야 한다. 만일 그렇게 되지 않는다면 그런 외로운 체험은 미심쩍은 체험으로 간주될 수 있다.

은밀한 제자의 삶은 없다

하나님을 만나고 영적인 것들을 체험한 사건이 참된 것이라면, 그런 체험을 다른 사람들과 나누고자 하는 소원이 생기게 된다. 우물가에서 예수님을 만나 영적 체험을 한 여인은 물동이를 버려두고 급히 동네로 가서 사람들에게 예수님을 만나보라고 권했다. 그녀는 동네 사람들에게 "내가 행한 모든 일을 내게 말한 사람을 와서 보라 이는 그리스도가 아니냐"(요 4:29)라고 말했다. 그녀는 자기에게 임한 영적 감동을 마음속에 그대로 묻어둘 수 없었다. 누군가에는 말해야 했다.

은밀히 제자의 삶을 사는 것이 불가능하다고 주님이 말씀하셨는데, 이 말씀은 믿음과 증언 사이의 관계에 대해 깊은 교훈을 준다. 우리는 믿음과 증언 사이의 진정한 관계를 이해하고 있는가? 다시 말하지만, 그리스도께서는 은밀히 제자의 삶을 사는 것이 불가능하다고 분명히 밝히셨다.

사도 바울은 "사람이 마음으로 믿어 의에 이르고 입으로 시인하여 구원에 이르느니라"(롬 10:10)라고 말했다. 흔히 바울의 이 말은 "하나님께서는 구원이 우리 안에서 효력을 발휘하기 전에 우리가 입을 벌려 신앙을 고백해야 한다는 임의적 요건을 마련해놓으셨다"라고 해석되어 왔다. 이런 해석이 옳을지도 모른다. 그러나 다음과 같은 해석도 가능하다.

"신앙의 고백은 믿음을 통해 구원을 얻었다는 것을 말해주는 증거이다. 복음을 나누고자 하는 소원이 생기지 않는다면, 기쁨 가운데 터져 나오는 복음 증거가 없다면 구원의 은혜의 참된 체험이 없는 것이다."

영적 체험을 나누라

영적인 복을 다른 사람들과 나누기 원하는 억누를 수 없는 소원은 여러 가지의 신앙적 현상들을 설명해준다. 그런 소원은 자신의 유익을 다른 사람들에게 양보하고 싶어 하는 충동으로까지 발전할 수 있다. 그런 충동에 사로잡힌 사람은 다른 사람들이 복을 받도록 하기 위해 필요하다면 자신의 복을 기꺼이 양보한다.

이런 관점에서 볼 때에만 우리는 모세의 기도를 이해할 수 있다. 이스라엘 백성이 큰 죄를 범했을 때 모세는 하나님께 이렇게 기도했다.

"슬프도소이다 이 백성이 자기들을 위하여 금 신을 만들었사오니 큰 죄를 범하였나이다 그러나 이제 그들의 죄를 사하시옵소서 그렇지 아니하시오면 원하건대 주께서 기록하신 책에서 내 이름을 지워버려 주옵소서"(출 32:31,32).

이스라엘 백성을 너무 사랑한 모세는 그들을 위해 하나님 앞에서 성급한, 아니 무모한 기도를 드렸다. 사랑하는 백성을 위해 자신을 희생하겠다는 그의 충동의 분출은 차가운 이성으로는 도저히 설명될 수 없는 것이다. 그러나 하나님께서는 그의 마음을 헤아리시고 그의 기도에 응답해주셨다.

다른 이들도 자신처럼 영적 특권을 누리길 원하는 강렬한 충동에 사로잡힌 사람이 또 있었는데 바로 사도 바울이다. 그런 충동 때문에 바울은 이성으로는 설명되지 않는 극단적이고 무모한 말을 했다. 그는 이렇게 말했다.

"내가 그리스도 안에서 참말을 하고 거짓말을 아니하노라 나에게 큰 근심이 있는 것과 마음에 그치지 않는 고통이 있는 것을 내 양심이 성령 안에서 나와 더불어 증언하노니 나의 형제 곧 골육의 친척을 위하여 내 자신이 저주를 받아 그리스도에게서 끊어질지라도 원하는 바로라"(롬 9:1-3).

강권하는 그리스도의 사랑

방금 한 이야기에 비추어볼 때 우리는 모든 위대한 기독교 교사들이 왜 "참된 영적 체험은 서로 나누어야 한다"라고 가르쳤는지를 쉽게 이해할 수 있다. "교회에 가지 않아도 하나님을 섬길 수 있다"라고 말하는 경솔한 사람은 가장 초보적인 영적 사실을 모르는 것이다. 신앙 공동체를 스스로 멀리하는 사람의 행동은 자신의 영적 복을 다른 사람들과 나누겠다는 깊은 소원이 그에게 없다는 것을 말해준다.

또한 그런 소원이 없다는 것은 그에게 영적 복 자체가 없다는 사실을 말해준다. 그는 '강권하는 그리스도의 사랑'을 느껴본 적이 없기 때문에 침묵 속에 자기의 뜻대로 행할 뿐이다. 그는 자신의 문제가 무엇인지조차 모를 수 있지만, 우리는 신앙 공동체를 멀리하는 그의 행동을 보고 그가 어떤 사람인지를 알 수 있다.

사도행전에는 "사도들이 놓이매 그 동료에게 가서"(행 4:23)라는 기록이 나온다. 유대 지도자들의 손에서 풀려나 자유로운 몸이 되었을 때 사도들은 신앙 공동체를 찾았다!

하나님을 만나서 구원을 얻은 사람들은 신앙 공동체를 찾기 마련이다. 초대교회에서도 그랬고, 그 후 교회의 역사에서도 항상 그러했다. 영적 복을 발견한 사람들은 믿음의 형제자매들에게로 가서 자신들의 복을 나누었다.

34

분별하여 하나님의
사람들을 따르라

영적 지도자에 대한 태도

기독교에는 영적 지도자들이 존재한다. 그들은 앞으로도 언제나 존재할 것이다.

독립적 성격이 아무리 강한 그리스도인이라 할지라도 이미 죽은 그리스도인들이나 아니면 아직 살아 있는 그리스도인들에게 영향을 받기 때문에 적어도 어느 정도는 그들의 견해 쪽으로 기운다.

기독교 안에 다양한 성향의 교회들이 존재하는데 이 가운데 양 극단에 있는 두 가지 형태의 교회가 있다. 한쪽 끝에는 전권을 행사하는 고위 성직자 그룹에 의해 통제되는 형태의 교회가 있다. 다른 한쪽 끝에는 그런 위계적 통치를 과감히 거부하고 개별 교회의 완전한 자율권을 주장하는 형태의 교회가 있다.

그런데 이 두 형태의 교회들의 공통점은 그들에게 지도자들의 통제가 작용한다는 것이다. 한쪽은 그것을 인정하고 다른 한쪽은 그것을 인정하지 않지만 양쪽 모두 통제는 있다. 전자의 교회보다 후자의 교회에서 통제력이 상대적으로 약한 것은 사실이지만 후자의 교회에도 분명 통제는 있다.

우리의 신앙적 성향이 우리의 지도자들에 의해 결정되는 경우가 대부분이라는 것은 부인할 수 없는 사실이다. 그렇다면 그런 현상이 좋은 것인가 나쁜 것인가? 이것은 우리의 지도자들이 어떤 사람들인가에 따라 달라진다. 또 우리가 그들에 대해 어떤 태도를 갖느냐에 따라 달라진다.

내가 볼 때, 교회 지도자들에 대한 태도에서 우리는 두 가지 잘못을 범할 수 있다. 하나는 그들에게 감사하지 않는 것이고, 다른 하나는 그들에게 무조건 굴종(屈從)하는 것이다.

감사를 잃어버린 죄

교회 지도자들에게 감사하지 않는 것은 '해야 할 것을 하지 않는 죄'에 해당한다. 사람들은 대개 이것을 죄라고 여기지 않는다. 은혜를 베푼 사람에게 감사하지 않는 것은 그의 지갑을 훔치는 것만큼이나 나쁜 죄이다. 지갑을 훔치는 것은 분명히 죄가 아닌가!

하나님의 일꾼들에게 감사하는 것은 하나님께 감사하는 것이다. 우리가 그들로부터 유익을 얻을 수 있는 것은 하나님께서 그들을 통해 일하셨기 때문이다. 자유의지를 가진 그들이 하나님의 뜻에 따르지 않을 수 있었음에도 불구하고 그들의 몸을 기꺼이 성령의 인도에 복종시켜서 우리에게 유익을 주었기 때문에 우리는 그들에게 감사해야 한다. 그들의 수가 많고 또 그들 중 대부분이 하늘나라로 갔기 때문에 우리가 그들을 직접 찾아가 감사를 표현할 수는 없을 것이다. 다만 우리는 그들에게 진정으로 감사하는 마음을 가지면 된다. 감사는 하나님께서 귀하게 보시는 제물이다. 감사의 제물은 아무리 가난한 사람이라도 바칠 수 있는 것이다. 감사의 제물을 바친다 할지라도 절대 더 가난해지지 않는다.

하나님의 사람들에게 감사하는 것은 하나님께 감사하는 것이다. 감사하는 마음을 갖고 그것을 표현하는 것은 영혼을 치유하고 건강하게 만든다. 감사하면 놀라운 일이 우리의 내면에서 일어난다. 감사는 아무리 많아도 지나치지 않다. 사랑이나 친절이 아무리 많아도 지나치지 않은 것처럼 말이다. 이런 내 말에 당신은 "감사를 강조하는 것도 좋지만, 감사를 받을 자격이 없는 사람에게까지 감사하는 것은 문제이다"라고 말하고 싶은가? 그렇게 묻는다면 나는 "그럴지도 모르겠다. 하지만 그런 문제를 피하기 위해 감사를 받을 자격이 충분한 사람에게조차 감사하지 않는 것은 더 큰 문제이다"라고 대답하겠다.

성경이 우리의 손에 들어올 수 있도록 믿음의 수고를 한 저 거룩한 사람들에게 우리는 영원히 갚을 수 없는 빚을 지고 있다. 하나님께서 자신의 능력의 말씀을 인류에게 전하기 위해 그들을 사용하기 원하셨던 중요한 시점에 그들이 하나님의 음성을 들을 수 있는 영적 상태에 있었던 것에 대해 우리는 감사해야 한다. 고대에 성경을 필사(筆寫)한 모든 사람들과 박해의 시대에 성경을 흠 없이 보존하기 위해 목숨도 아끼지 않았던 옛 성도들에게도 감사해야 한다.

모든 그리스도인들이 서로에게 빚을 지고 있다. 그런데 우리가 더욱 큰 빚을 지고 있는 사람들이 있는데 성경학자, 번역가, 개혁가, 선교사, 전문적 복음전도자, 부흥사, 찬송가 작사가와 작곡가, 목회자, 교사, 그리고 기도하는 성도들이 바로 그들이다. 이런 사람들 때문에 우리는 기도의 제단에서 만복의 근원이신 빛의 아버지께 밤낮으로 감사의 향을 피워 올려야 한다.

사람에 대한 무조건적 굴종을 조심하라

다시 말하지만, 하나님께 부름받아 일하여 우리에게 유익을 준 지도자들과 사역자들에게 감사하지 않는 것은 '해야 할 것을 하지 않는 죄'이다. 반면에 이와 반대되는 죄가 또 있는데 그것은 그들에게 너무 의존하는 것이다. 그런데 이 죄에 대해 논하기 전에 내가 미리 밝혀둘 것이 하나 있다. 우리가 아무리 의존해도 죄가 되지 않는 사람들이 있는데 그들은 하나님께 택함을 받고 영감을 받아 성경을 기록한 사람들이다. 그들은 하나님의 섭리에서 지극히 독특한 위치를 차지하기 때문이다. 하나님의 진리를 알기 위해 우리는 전적으로 성경에 의존해야 하는데, 그렇게 하기 위해서는 그들이 남겨준 성경을 이의 없이 따라야 한다. 하지만 그들 외에 다른 사람들은 우리에게 절대적인 권위를 갖지 못한다.

어떤 위대한 기독교 지도자의 설교나 글을 무조건 따를 정도로 그에게 종속된다면 그것은 중대한 실수를 하는 것이다. 하나님나라에서 그런 절대적 영향을 줄 수 있는 지도자는 아무도 없다. 그 호흡이 코에 있는 유한한 인간을 맹목적으로 추종하는 자가 되지 않기 위해 우리는 늘 깨어 있어야 한다.

맹점이 없는 교회 지도자는 없다. 다시 말해서, 자기도 의식하지 못하는 편견이 없는 지도자는 없다. 그런 편견은 그의 설교나 글을 통해 우리에게 영향을 끼치게 마련이다. 이미 우리에게 많은 편견이 있는데 거기다 지도자들의 편견까지 받아들이면 어떻게 되겠는가?

그렇다면 우리는 어떻게 해야 하는가? 우리를 위해 사역하는 모든 거룩한 사람들에게서 배우고, 그들 모두에게 감사하고, 모든 것들에 대해 감사하고, 그리스도를 따르면 된다. 자유를 아는 신자는 자기의 자유를 그 누구에게도 팔지 않을 것이다. 어떤 그리스도인도 다른 그리스도인들의 주인이 될 자격이 없다. 오직 그리스도께서만 주인이라고 불릴 자격이 있으시다. 그분밖에는 아무도 없다.

성경은 우리에게 다음과 같이 가르친다.

"너희는 주께 받은 바 기름 부음이 너희 안에 거하나니 아무도 너희를 가르칠 필요가 없고 오직 그의 기름 부음이 모든 것을 너희에게 가르치며 또 참되고 거짓이 없으니 너희를 가르치신 그대로 주 안에 거하라"(요일 2:27).

PART 4

좁은 길을 똑바로 걸어갈 때,
세상을 이기고
승리한다

35

예수 그리스도가
세상을 이기셨다

구주가 나셨다!

그리스도의 탄생의 선포는 마치 구름 사이로 터져 나오는 강렬한 햇살처럼 밝은 기쁨을 세상에 안겨주었다. 그것은 기쁨을 찾아보기 힘들며 어쩌다 찾아온 기쁨조차 이내 사라져버리는 이 슬픔과 고통의 세상에 큰 기쁨의 소식이었다.

천사가 경외심에 사로잡힌 목자들에게 준 기쁨은 잠시 스쳐가는 종교적 감정에서 나온 기쁨이 아니었다. 그것은 바람이 불 때 잠시 들리다가 바람이 잔잔해지면 사라지고 마는 아이올로스(Aeolus, 그리스신화에서 바람의 신)의 하프 소리처럼 일시적인 것이 아니었다. 그것은 다윗의 성에 구주가 나셨다는 소식이 주는 영속적인 기쁨이었다. 그것은 지금도 우리에게 영속적인 기쁨을 준다. 그것은 구주의 탄생이 가져다 줄 복이 무엇인지를 아는 데서 나오는 넘치는 기쁨이었다.

그리스도의 탄생은 세상에 무엇인가를 말해주었다. 그분은 여자에게서 나셨고, 자기의 높아짐을 추구하지 않으셨으며, 인간의 모양으로 나타나 자기를 낮추어 십자가에서 죽으셨다. 이 사실에 담긴 의미와 감동이 정말 깊기 때문에 다윗이나 이사야처럼 탁월한 표현력을 지닌 사람들이라 할지라도 그 의미와 감동을 다 드러낼 수 없을 것이다.

그리스도 탄생의 의미

다시 말하지만, 그리스도의 탄생은 세상에 무엇인가를 말해주었다. 세상에 무엇인가를 선포했다. 무엇인가를 증언했다. 그렇다면 그것은 무엇인가?

그것은 몇 가지로 구분해 언급할 수 있다. 굶주린 무리를 먹이기 위해 예수님이 떡을 떼어 나누셨듯이 나도 그것을 몇 가지로 나누어 언급하고 싶다. 그렇게 하면 이해가 더 쉬울 것이다. 예수님이 이 땅에 오신 사건은 다음과 같은 몇 가지 사실을 확인시켜주었다.

첫째, 하나님은 살아 계시다

그리스도께서 오실 때 하늘이 열렸는데 이것은 이 세상과는 다른 또 하나의 세상이 있다는 것을 말해주었다. 그때 사람들에게 친숙한 자연의 세계를 초월한 세계로부터 메시지가 들려왔다. 그것은 하늘의 천군 천사들이 하나님을 찬양하는 소리였다.

"지극히 높은 곳에서는 하나님께 영광이요 땅에서는 하나님이 기뻐하신 사람들 중에 평화로다"(눅 2:14).

물론 목자들은 세상을 잘 아는 사람들이었다. 하지만 이제 그들은 하늘에서 내려오는 하나님의 메시지를 들었다. 이 세상과 하늘의 세상이 그들에게 하나로 합쳐졌고 기쁨에 가득 찬 그들은 불완전하지만 이 세상과 저 세상을 어느 정도 구별하게 되었다. 그들이 하늘에서 오신 분을 보기 위해 서둘러 달려간 것은 놀랄 만한 일이 아니다. 이제 더 이상 그들에게는 하나님의 존재가 단지 희망사항이 아니었다. 하나님이 계시면 좋겠다는 생각은 과거의 생각일 뿐이었다. 그들이 보기에 하나님은 살아 계셨다.

둘째, 인간의 삶은 본질적으로 영적인 것이다

하나님의 영원한 말씀이 육신으로 오신 사건은 인간의 기원이 하나님께로부터 왔다는 사실을 확인시켜주었다. 만일 인간이 오로지 육적인 존재라면 또는 본질적으로 육적인 존재라면 하나님께서 인간의 몸으로 오실 수 없었을 것이다. 하나님이 인간이 되시기 위해서는 하나님과 인간 사이에 어느 정도의 유사성이 있어야 했다.

그리스도의 성육신(成肉身)은 몇 가지 의문들을 제기하지만 그것들보다 훨씬 더 많은 의문을 풀어준다. 그리스도의 성육신 때문에 생기는 의문들은 사변적(思辨的)인 것들에 지나지 않는다. 반면에 그분의 성육신으로 인하여 인간 영혼의 중요한 도덕적 문제들이 해결된다. 인간이 하나님의 형상과 모양으로 창조되었는지에 대한 의문이 그분의 성육신으로 해결되는데, 그것은 하나님과 인간 사이의 유사성이 성육신 사건에서 확인되었기 때문이다. 성육신 사건을 볼 때 우리는 우리가 하나님의 형상과 모양으로 창조되었다는 것을 더욱 확신하게 된다.

셋째, 하나님께서 선지자들을 통해 말씀하신 것이 사실이다

성경을 많이 아는 제사장들과 서기관들은 고민에 빠진 헤롯 왕에게 그리스도께서 유대 땅의 베들레헴에서 태어나실 것이라고 말해주었다. 그 사건이 일어난 후, 구약은 그리스도에게서 자신의 존재 의미를 찾게 되었다. 비유적으로 표현하자면 모세와 다윗과 이사야와 예레미야와 소선지자들이 그분 주위에 몰려들어서 그분을 구약의 예언들로 안내해드렸다.

메시아가 자기의 주장을 증명하기 위하여 인용해야 할 구약의 내용이 너무 광범위했기 때문에 메시아가 아닌 자가 그렇게 하기는 사실상 불가능했다. 그런데 그리스도께서는 그렇게 하셨다. 이것은 구약과 신약을 잘 비교하면 밝히 드러나는 사실이다. 그리스도의 오심은 구약의 예언을 확증해주었고, 그 예언은 그분의 주장의 진실성을 확증해주었다.

넷째, 인간은 잃어버린 존재이지만 완전히 버림받은 것은 아니다

이 사실이 그리스도께서 이 땅에 오신 사건에 의해 확인된다.

만일 인간이 잃어버린 존재가 아니라면, 구주가 필요 없었을 것이다. 또 만일 인간이 완전히 버림받은 존재라면 구주께서 굳이 오시지 않았을 것이다. 그러나 그분은 오셨다! 그렇기 때문에 하나님께서 인간에게 깊은 관심을 가지고 계시다는 것이 확인되었다. 우리가 죄를 범하였기 때문에 아무런 공로도 없는 존재로 전락해버렸지만, 그분은 우리를 버리지 않으셨다. 예수님은 "인자가 온 것은 잃어버린 자를 찾아 구원하려 함이니라"(눅 19:10)라고 말씀하셨다.

다섯째, 인류가 멸절되지 않을 것이다

하나님의 본질이 인간의 본질을 취하셨다. 우리는 이렇게 고백한다.

"그리스도는 만세 전에 나신 분이요, 아버지의 본질을 지닌 하나님이시다. 그리스도는 세상에서 나신 분이요, 그분의 어머니의 본질을 가진 사람이시다. 그분은 완전한 하나님이요, 완전한 사람이시다. 비록 하나님과 사람이시지만 그럼에도 불구하고 그리스도는 두 분이 아니라 한 분이시다."

하나님께서 인류를 구원하기 위해 직접 오신 것은 아니지만 그리스도 안에서 인간의 본성을 취하여 인류를 찾아오셨다.

그러므로 이제 우리는 인류가 핵폭발로 인하여 멸절되지 않을 것이라고 확신할 수 있다. 또 인류가 방사선에 기인한 유전적 변이로 인하여 인간 이하의 괴물로 바뀌지 않을 것이라고 확신할 수 있다. 그리스도께서는 즉시 멸망해 없어질 인간의 본성을 취하신 것이 아니다.

여섯째, 이 세상이 전부가 아니다

그리스도께서는 내세에 대하여 기쁨과 확신 가운데 말씀하셨다. 그리스도께서는 하늘에서 친히 보고 들은 것을 사람들에게 말씀해주셨고, 우리가 거할 곳이 하늘에 많다고 약속해주셨다. 우리에게는 하나의 세상만 있는 것이 아니라 두 개의 세상이 있다. 우리가 현재 이 세상에 살고 있는 것이 확실한 사실이듯이, 장차 저 세상에서 살 것도 확실한 사실이다.

일곱째, 장차 언젠가 죽음이 극복되고 영생이 지배할 것이다

성경은 "하나님의 아들이 나타나신 것은 마귀의 일을 멸하려 하심이라"(요일 3:8)고 증언한다. 마귀가 이룬 가장 악한 일은 죄가 이 세상에 들어오도록 만들고, 또 그 죄를 통해 죽음이 들어오도록 만든 것이다. 그러나 우리 구주 예수 그리스도께서 나타나심으로 말미암아 생명이 드러났다. 그리스도께서 복음을 통해 사망을 폐하고 영원한 생명을 밝히 드러내셨다.

36

진리는 결코
타협하지 않는다

진짜 진리를 외면하는 사람들

"사람들은 진리를 찾고 있습니다. 진리를 찾는 일에 헌신적인 사람들이 사회에 넘쳐납니다"라는 말이 세상에 많이 떠돌아다닌다. 대학들은 학교 홍보물 책자를 마구 쏟아낸다. 그런 책자들에는 흔히 건강하고 젊은 남자와 아름다운 젊은 여자가 떠오르는 태양을 향해 나란히 걸어가는 모습의 그림이 실린다. 위로 젖혀진 그들의 얼굴 위로는 신비감마저 풍기는 햇살이 비춘다. 이런 그림을 통해 대학교는 어떤 이미지를 사람들에게 심어주려는 것일까? 내가 볼 때 대학은 이런 그림을 통해 다음과 같은 암시를 주려는 것 같다.

"고등교육의 전당인 우리 대학교에 들어오는 사람들은 모두 철학자나 현인의 길을 가려는 열망으로 불타고 있습니다(물론 하나님께서 원하시면 그들이 선지자나 사도나 순교자의 길을 가겠지만 그렇게까지는 바라지 않습니다)."

대학생들이 상아탑 안에 머무는 동안 대학의 교육자들은 이런 잘못된 암시를 계속 주입한다. 심지어 그들의 졸업식에서 축사를 하는 연사도 십중팔구 그런 잘못된 암시에 빠져 있는 사람이다. 졸업식에서 연사는 분별력이 뛰어나지 않은 순진한 졸업생들에게 이렇게 떠들어댄다.

"모든 지혜의 샘을 찾으려는 수년간의 노력 끝에 여러분은 그것을 찾아냈습니다. 이제 여러분은 동료와 함께 사회로 나가서 '더 좋고 더 살맛 나는 세상'을 건설할 준비가 된 것입니다."

진실성이 결여된 이런 유치한 말이 학교를 떠나는 졸업생들과 눈시울을 붉히면서도 미소를 짓는 학부모들에게 그토록 잘 먹혀드는 이유는 무엇인가? 그것은 자기가 듣고 싶은 말만 들으려는 사람의 본성 때문이다. 또 그것은 진실을 깊이 따지면 현재의 기쁨이 사라질 것을 두려워하는 마음 때문이다.

세상 사람들의 관심

진리를 끝까지 따지고 드는 사람은 별로 없다. 사람들의 관심이 어디에 있는지를 알기 위해 그들의 행동을 유심히 들여다보자. 특히 매년 학문의 전당에서 쏟아져 나오는 젊은이들의 행동을 들여다보자. 대부분의 경우, 그들에게서 볼 수 있는 것은 진리에 대한 일시적인 관심이나 학문적인 관심뿐이다. 그들이 대학에 다니는 것은 진리를 발견하겠다는 열망 때문이 아니라 신분 상승과 돈벌이를 위한 것이다. 물론 신분 상승과 돈벌이를 추구하도록 만드는 동기가 반드시 나쁜 것은 아니다. 하지만 허울 좋은 이상주의의 핑크빛 구름 아래에 그런 동기를 마냥 숨기고 있으면 안 된다. 그런 동기가 있다는 것을 사람들은 분명히 인정해야 한다.

그렇다면 사람들이 정말로 추구하는 것은 무엇인가? 물론 사람들은 식욕이나 성욕이나 사회적 교류의 욕구 같은 기본적 욕구들을 충족시키려고 애쓴다. 그렇다면 그런 기본적 욕구들을 넘어서는 다른 욕구는 없는가? 적어도 한 가지 분명한 사실은 진리 같은 고상한 것을 추구하는 사람은 거의 없다는 것이다.

평범한 사람들에게 "당신이 인생에서 얻기 원하는 것은 무엇입니까?"라고 물어보라. 만일 그가 솔직한 사람이라면 그는 이렇게 대답할 것이다.

"나는 내 전문 분야에서 성공하기를 원합니다. 그렇게 되면 명예도 얻고 경제적 안정도 누리게 되기 때문입니다."

그렇다면 왜 그는 경제적 안정을 바라는가? 그것은 안락과 명품과 즐거움을 잃어버리지 않고 살아가길 원하기 때문이다.

그는 그런 것들을 누리며 사는 것이 자기의 정당한 권리라고 믿는다. 그런데 문제는 그런 것들을 얻으려면 돈이 반드시 있어야 한다는 사실이다. 이보다 더 잔인한 사실은 없을 것이다!

겉으로만 진리를 좇는 사람들

진리를 추구하는 사람들이 이 세상에 가득하다는 생각은 교회에 가서 종교인들과 어울리면 더욱 확고해진다. 특히, 자유주의적이고 인본주의적인 교회에 가보면 더욱 그렇다. 그런 교회들의 목사는 자주 청중에게 "여러분은 진리를 추구하는 지극히 고상한 일을 하고 있습니다"라고 말하며 그들에게 아첨한다. 수백 명의 교인들이 에어컨이 팡팡 돌아가는 교회에 일주일에 한 번 모여서 쿠션 좋은 의자에 앉아 좋은 음악을 듣는 모습이 목사의 눈에는 지극히 흡족한 일로 보인다. 그런 교인들의 모습이 목사의 눈에는 최정예 십자군 용사들로 보인다!

자유주의 목사는 진리가 무엇인지에 대해 구체적으로 말해주는 것을 피하는데, 그것은 교인들에게 당혹감을 주지 않겠다는 의도에서 비롯된 것일 수도 있고 또는 목사 자신이 자신의 신앙 내용에 대해 확신이 없기 때문일 수도 있다. 아무튼 설교단에서 진리에 대한 정의(定義)가 제공되지 않기 때문에 교인들은 자신들이 본래 무엇을 찾아야 하는지를 정확히 모른다. 그런 교인들을 향해 목사는 "여러분은 진리를 찾고 있는 지극히 고상한 사람들입니다"라고 추켜세운다. 자신이 진리를 추구하는 고상한 이상주의자라고 생각하므로 교인들의 자존감은 하늘을 찌를 듯하다. 하나님의 동산에서 진리의 금광을 파고 있는 자신의 모습을 상상하니 흐뭇해진다.

교인들은 비록 일주일에 한 번 맛보는 짧은 순간이지만 기분이 너무 좋다. 집에 갔을 때 남편이나 아내가 그토록 고상한 자신을 알아주지 않아도 좋다. 실제로 진리의 금을 캤는지 아닌지 문제 삼을 사람이 아무도 없기 때문이다. 사회에서는 여러 문제들로 머리가 아프다가 교회에서 자신의 고상함을 분명히 확인하니 기분이 좋을 뿐이다.

진리는 호락호락하지 않다

그렇다! 세상에는 진리를 찾는다는 사람들로 넘쳐난다. 그리고 그들은 자연스럽게 교회로 몰려든다. 평안을 찾는 사람들도 아주 많다. 그래서 그들을 독자층으로 삼는 출판물이 홍수를 이룬다. 육신의 건강을 얻고자 하는 사람들도 우리 주변에 아주 많기 때문에 유명한 신유 은사자들은 어렵지 않게 돈을 번다. 성공과 안전을 추구하는 사람들도 많기 때문에 사람들은 인기 있는 종교 지도자들에게 몰려간다. 그러면서 정말 진리를 찾는 사람들은 선천성 색소 결핍증에 걸린 사슴만큼 희귀하게 되었다. 그렇다면 왜 그럴까?

진리는 영광스런 주인이지만 동시에 엄한 주인이다. 진리는 우리에게 도덕적 요구를 한다. 자신의 뜻에 따라 우리를 통제하고 우리를 발가벗기고 심지어 우리를 죽일 수 있는 권리가 진리에게 있다. 진리는 자신을 낮추어 우리를 섬기지 않고 도리어 우리의 섬김을 받겠다고 요구한다. 그것은 누구에게도 아첨하지 않고 누구와도 타협하지 않는다. 그것은 전부를 요구하든지 아니면 아무것도 요구하지 않는다. 우리가 진리를 이용하는 것도 불가능하고, 진리에게 선심을 쓰는 체하는 것도 불가능하다. 진리는 우리의 모든 것을 요구하든지 아니면 뒤로 물러나 침묵한다.

그런데 예수님은 진리라는 단어를 소문자로 쓰지 않고 대문자로 쓰셨다. 즉, 'truth'로 쓰지 않고 'Truth'로 쓰셨다. 예수님은 진리를 가리켜 '그것'(it)이라고 말씀하지 않으셨다. 그분은 진리가 인격의 모든 속성을 가진 존재임을 드러내셨다. 그분은 "내가 진리이다"라고 말씀하셨고 진리를 따라 십자가까지 가셨다.

진리를 추구하는 사람은 그분을 따라 십자가까지 가야 한다. 진리를 따르는 것이 그토록 어렵기 때문에 그토록 많은 사람들이 진정으로 진리를 찾지 않는 것이다.

37

진리는 우리의 막강한
후원자이다

진리의 가치

진리를 아는 것은 이 세상에서 누릴 수 있는 가장 큰 특권인
데, 그것은 인간이 소유할 수 있는 가장 귀한 보물이 바로 진리
이기 때문이다.

왜 진리가 귀한 보물인가? 그것은 진리의 속성 때문이다. 진
리를 향해 마음 문을 연 사람들은 이 세상이 끝나 저 세상으로
넘어간 후에도 진리의 유익을 영원히 누릴 수 있다. 진리를 떠
난 인간의 삶은 아무 가치가 없다. 진리가 없다면 우리는 멸망
하는 짐승과 다를 바가 없다.

진리가 찾아오면 우리는 성심을 다해 즉각적으로 반응해야
한다. 진리를 장난감 삼아 장난을 치면 안 된다. 우리의 기분에
따라 진리에 순종해도 되고 그렇지 않아도 되는 것처럼 행동해

서는 안 된다. 진리는 아름답고 멋진 친구이지만 동시에 엄한 주인이기도 하므로 이의 제기 없는 순종을 요구한다.

진리의 대가를 치르라

진리에 따라 살면 결국 평화롭고 선한 결말에 이르는 것이 사실이다. 하지만 솔직히 말해서, 진리를 사랑하는 사람이 광야 같은 이 세상을 지나갈 때 많은 슬픔과 고통을 견뎌야 하는 것 역시 사실이다. 세상은 진리에 순종하는 지극히 귀한 특권을 누리려는 사람에게 반드시 그 대가를 치르게 한다. 세상이 변하지 않고 현재 모습을 그대로 유지하는 한, 진리는 우리에게 희생을 요구한다. 진리에게 충성하는 종은 불이익을 당하게 되어 있다. 세상이 진리의 종을 그냥 내버려두지 않기 때문이다.

의롭게 살려는 사람은 이 세상에서 그 대가를 치러야 한다. 그 대가를 치르지 않으려는 사람은 세상과 타협해야 한다. 왜냐하면 죄로 인하여 세상의 구조가 왜곡되었기 때문이다. "악을 떠나는 자가 탈취를 당하는도다"(사 59:15)라는 말은 과거나 지금이나 사실이다. 기독교가 이 땅에 2천 년 동안 존속해왔지만 이 말은 여전히 사실이다. 이것을 우리가 인정하기 싫어한다 할지라도 이 말은 사실이다. 베이컨(Bacon)이 말한 '거짓 자체를 사랑하는 인간의 부패한 본성'이 여전히 인류에게 많은 문제를 일으키고 있다.

진리가 우리를 보호한다

우리는 진리를 따를 때 감수해야 할 불이익을 결국 받아들여야 한다. 진리가 결국에는 우리를 보호해주는 막강한 후원자 역할을 하기 때문에 우리는 희생을 두려워하지 말고 진리를 끌어안아야 한다. 계산에 능한 약삭빠른 사람은 진리를 따르기 위해 치러야 할 대가가 두렵기 때문에 진리를 만지작거리면서 마냥 시간을 보낸다. 그런 사람은 진리라는 고결한 주인을 모실 자격이 없다.

다른 어떤 사람들보다도 우리 그리스도인들은 진리를 소중히 여겨야 하는데, 그것은 영원한 진리가 주님께 속했다고 고백하기 때문이다. 스토아학파(기원전 3세기 초 제논이 창시한 학파로, 준엄한 도덕주의와 엄격한 의무준수를 주장했다)의 철학자들은 비록 성경을 알지 못했지만 그럼에도 진리를 귀하게 여기고 진리를 따라야 할 책임에 대하여 알았다. 스토아학파의 철학자들 중 한 사람이 자신에게 적대적인 불공평한 법정에 서서 목숨이 달린 문제로 재판을 받게 되었다. 그때 그는 자기를 고소한 자들에게 이렇게 말했다.

"선한 삶을 살려는 사람은 삶의 가능성과 죽음의 가능성을 저울질해서는 안 된다. 그는 자기가 옳은 일을 하고 있는가 아니면 그른 일을 하고 있는가 하는 것만 생각하면 된다. 다시 말해서, 선한 쪽에 서서 일하는가 아니면 악한 쪽에 서서 일하는가 하는 것만 생각하면 된다."

진정으로 그리스도를 따르는 사람은 "이 진리를 따르면 내가 어떤 불이익을 당할 것인가?"라고 묻지 말고 이렇게 기도해야 한다.

"이것이 진리입니다. 하나님이시여, 결과에 개의치 말고 제가 진리대로 살게 도우소서."

38

하나님의 뜻대로
결정하라

하나님의 뜻을 아는 방법

진지하게 생각하는 그리스도인들이 빈번히 마주치는 문제들 중 하나는 '특정 상황에서 하나님의 뜻을 어떻게 알 수 있는가?'이다.

이것은 결코 사소한 문제가 아니다. 무수히 많은 그리스도인들이 이 문제로 고민하는 것이 사실이다. 하나님께서 실제로 인도하고 계시다는 것을 알면 그들의 마음에 평안이 생긴다. 하지만 그런 확신이 생기지 않으면 마음의 평안이 무너지고 대신 불확실성과 두려움이 그 자리를 대신한다. 그들에게 다시 확신이 생기려면 그들에게 도움이 필요하다. 그런 사람들에게 나름대로 도움을 주기 위해 나는 이 글을 쓰는 것이다.

우선, 하나님의 영광을 위해 헌신하고 예수 그리스도의 주권에 복종하겠다는 마음이 우리에게 충만해야 한다. 이것은 절대적으로 필요한 것이다. 하나님은 그분의 영광을 위해서만 우리를 인도하신다. 만일 우리가 하나님의 의지에 저항한다면 그분은 우리를 인도하실 수 없다. 무릇, 목자는 고집 센 양을 인도할 수 없는 법이다. 하나님을 이용하려는 악한 습관은 사라져야 한다. 우리의 목적을 위해 하나님을 이용하려는 시도를 집어치우고 대신 기쁜 마음으로 하나님께 굴복해야 한다. 우리는 그분이 우리를 통해 하나님의 목적을 이루시도록 복종해야 한다.

하나님께 복종하겠다는 온전한 마음이 우리에게 충만하다면 우리는 하나님의 인도하심을 받을 수 있다고 믿어도 좋다. 이런 사실을 가르치는 성경구절이 너무 많기 때문에 나는 어떤 구절부터 인용해야 좋을지 모를 정도이다. 여기서는 굳이 성경 구절을 인용하지 않고 다만 한 가지를 말해두겠다. 우리는 그런 성경구절이 모두 진리의 말씀이라고 믿으면 된다.

우리 그리스도인들은 하루하루를 살아가면서 많은 결정을 내려야 하는데 이를 다음과 같이 네 가지로 분류할 수 있다.

첫째, 하나님께서 단호하게 '노'(No)라고 말씀하시는 것들이 있다.

둘째, 하나님께서 역시 단호하게 '예스'(Yes)라고 말씀하시는 것들이 있다.

셋째, 하나님께서 우리에게 "신앙적 관점에서 볼 때 어떤 것이 더 바람직한 것인지를 생각해보라"고 말씀하시는 것들이 있다.

넷째, 충분한 정보가 없어서 현명한 결정을 내리기 어려워 주님의 특별한 인도하심을 받아야 하는 것들이 있다.

네 번째의 경우는 무척 드문 경우이지만 하나님의 인도하심을 받지 못하면 중대한 실수를 범하게 된다. "매사에 무조건 긍정적으로 임하라"라고 가르치는 사람들이 있지만 그들이 무엇이라고 말하든 간에 우리는 성경말씀에 귀를 기울여야 한다. 사실, 성경이 우리 그리스도인들에게 금하는 것들이 많다. 회개를 촉구하는 성경의 모든 명령에는 "행하라!"라는 것도 있지만 "행하지 말라!"라는 것도 있다. 성경의 도덕적 교훈을 한마디로 요약하면 "악을 버리고 선을 행하며"(시 34:14)라는 말씀이 된다.

하나님이 주신 재량권

"하나님의 말씀이 금하는 것을 하겠다고 하나님의 인도하심을 구하는 것은 옳지 않다"라는 것이 우리의 첫 번째 행동 기준이 되어야 한다. 하나님의 말씀이 금하는 일을 하려는 것은 정직하지 못하다.

성경은 어떤 것들을 금할 뿐만 아니라 또 어떤 것들을 명령한다. 선지자, 시편 기자, 사도, 그리고 우리의 거룩한 주님이 한 목소리로 권하는 것들이 있다. 우리 주님의 멍에는 쉽고 그분의 짐은 가벼우며 주님은 은혜를 더욱 많이 주신다. 따라서 "성경이 명령한 것에 관해서는 주님의 인도하심을 구하지 말라"라는 것이 우리의 두 번째 행동 기준이 되어야 한다.

우리가 마음 졸이며 하나님의 뜻을 찾으려고 애쓸 때 흔히 간과하는 사실이 하나 있다. 하나님께서 우리 삶의 많은 부분에 관하여 우리에게 재량권을 주셨다는 것이 바로 그것이다. 이런 문제들에서는 하나님께서 우리에게 어떤 지시를 내려주지 않으시기 때문에 우리가 더 좋아하는 것을 선택하면 된다. 어떤 그리스도인들은 어떤 직업을 선택할까, 어떤 차를 살까, 어떤 학교에 입학할까, 어디서 살까 같은 문제들을 놓고 주님의 뜻이 어디에 있을지를 걱정한다. 하지만 무수히 많은 이런 종류의 문제들에서 우리 주님이 자유를 주셨기 때문에 우리는 우리가 더 좋아하는 것을 선택하면 된다. 다만 하나님을 향한 사랑과 이웃을 향한 사랑에 부합하는 쪽으로 선택하라.

우리는 눈앞에 있는 빤한 일을 그냥 시작하는 것보다는 하나님의 인도하심을 구하는 것이 더 신령한 행동이라고 생각하는 경향이 있다. 그러나 그런 생각은 옳지 않다. 하나님께서 당신에게 손목시계를 주셨다고 가정해보자. 그럴 경우, 시계를 들여다보는 것보다 하나님께 시간을 물어보는 것이 더 하나님의 영광을 드러낼까? 만일 하나님께서 선원에게 나침반을 주셨다면, 나침반을 보고 항해하는 것보다 하나님 앞에 무릎 꿇고 땀을 흘리며 "오, 하나님! 어느 방향으로 가야 할지를 보여주십시오"라고 기도하면 하나님이 더 기뻐하실까? 그렇지는 않을 것이다.

성경이 특별히 금하거나 명령하는 것들이 아니라면 우리가 재량권을 발휘하여 현명한 선택을 하는 것이 하나님의 뜻이다. 목자가 양들을 인도하는 것은 사실이지만, 양들이 매 순간마다 어느 지점에서 풀을 뜯어먹어야 할지를 결정해주는 것은 아니다. 이 땅에서의 일상적 삶의 대부분에서 하나님은 우리가 기뻐하는 것을 기뻐하신다. 우리가 새처럼 자유롭게 되어 아무 근심 걱정 없이 솟아오르며 창조주를 찬양하는 것이 하나님의 뜻이다. 많은 경우 하나님께서는 우리에게 어떤 한 가지 선택을 강요하시지 않고 여러 가지들 중 어느 것이라도 선택하라고 말씀하신다. 기쁜 마음으로 그리스도께 온전히 복종하는 남자나 여자는 잘못된 선택을 할 수 없다. 그들의 선택은 어떤 것이라도 옳다.

하나님의 약속을 붙들라

그렇다면 이제 또 다른 경우에 대해 살펴보자. 흔히 있는 일은 아니지만 우리가 중대한 결정을 내려야 할 때가 있다. 우리의 선택에 따라 엄청난 결과가 예상되는 일에 대해 성경이 분명한 지침을 주지 않는 경우에는 우리가 양자택일을 해야 할 것이다. 그런 상황이 찾아오면 우리는 우리를 올바로 인도하겠다는 하나님의 성실한 약속을 붙들어야 한다! 그런 약속을 말하는 성경구절 두 개를 인용해보자.

"너희 중에 누구든지 지혜가 부족하거든 모든 사람에게 후히 주시고 꾸짖지 아니하시는 하나님께 구하라 그리하면 주시리라 오직 믿음으로 구하고 조금도 의심하지 말라"(약 1:5,6).

"너희의 구속자시요 이스라엘의 거룩하신 이이신 여호와께서 이르시되 나는 네게 유익하도록 가르치고 너를 마땅히 행할 길로 인도하는 네 하나님 여호와라"(사 48:17).

당신의 문제를 가지고 주님 앞으로 나아가라. 또한 하나님의 약속을 그분께 상기시켜 드려라. 그런 다음에는 자리에서 일어나 당신이 보기에 최선의 것을 선택하라. 둘 중에 어떤 것을 선택하더라도 잘못되지는 않을 것이다. 하나님께서는 당신이 실수하도록 내버려두지 않으실 것이다.

39

우리의 두려움을
주님께 맡겨라

두려워해서는 안 된다?

최근 몇 년 동안 나는 두려움을 극복하는 법을 가르쳐준다는
책을 읽어보거나 대략적으로 훑어보았다. 두려움을 극복하고
마음의 평안을 갖자는 운동이 현재 종교의 몇몇 분야에서 큰
영향력을 발휘하고 있는 것이 사실이다.

물론, 두려움 극복 전도사들은 그들의 주장을 뒷받침하기 위
해 성경구절을 많이 인용한다. 하지만 사실상 그들은 성경구절
을 오해하거나 또는 잘못 적용한다. 그들은 성경구절을 잘못
해석한다. 더욱 경계해야 할 것은 적용하지 말아야 할 사람들
에게 그 성경구절을 적용한다는 것이다.

두려움 극복 전도사들은 모두 잘못된 전제에서 출발한다. 다
시 말해서 "두려워할 것이 없습니다. 두려움에서 벗어나기 위

해 우리가 해야 할 것은 두려움을 극복할 수 있다고 믿는 것뿐입니다"라는 전제에서 출발한다. 지금과 같은 세상에서 살아가고 있는 사람들에게 "두려워할 것이 없습니다"라고 가르치는 것은 무책임의 죄를 범하는 것이다. 그렇게 가르치는 사람은 선생의 자격이 없는 것이며, 진지한 사람들의 신뢰를 얻을 수 없다.

성경의 교훈과 인간의 경험에 따르면, 이 세상에는 인류의 적(敵)들이 가득하다. 특히, 인간 자신이 인류에게 위험스런 존재이다. 우리 주님은 이렇게 말씀하셨다.

"마땅히 두려워할 자를 내가 너희에게 보이리니 곧 죽인 후에 또한 지옥에 던져 넣는 권세 있는 그를 두려워하라 내가 참으로 너희에게 이르노니 그를 두려워하라"(눅 12:5).

죄인은 마땅히 두려워해야 한다. 두려워할 것이 그에게는 많다. 그 죄의 결과들, 즉 죽음과 심판과 지옥이 그를 기다리고 있다. 그것들을 외면한다고 해서 피할 수 있는 것이 아니다. 이 세상을 사는 동안에도 그에게는 온갖 종류의 위험이 닥칠 수 있다. 심지어 그가 사랑하는 사람들이 그에게 위험을 안겨줄 수도 있다. 그런 위험들을 무시하라고 가르치는 종교 지도자들은 사실을 왜곡하는 비현실적인 사람이기 때문에 그의 영혼에 큰 해를 끼칠 수 있다. 두려움 극복 전도사들은 그에게 위험을

안겨주는 또 다른 원인이기 때문에 그들이야말로 두려움의 대
상이 되어야 한다.

그리스도께 맡겨드릴 때

치명적인 위험이 도사리고 있는 상황에서는 두려워하는 것
만이 건전한 반응이다. 위험이 사라지지 않은 상황에서 그것을
무시해버리는 것은 거의 정신병에 가깝다. 위험이 사라질 때까
지는 두려움이 마땅히 있어야 한다. 구주에게 달려가 도피처를
찾은 사람만이 두려워하지 않을 권리가 있다. 그런 사람은 위
험이 있다는 것을 알지만, 자신이 주님의 품에 안전하게 안겨
서 하나님의 존전으로 나아가 흠 없는 모습으로 나타나게 될
것도 잘 알고 있다.

두려움을 떨쳐버리라는 권면이 성경에 수없이 나오지만, 그
말씀들은 하나님의 자녀들에게 주어진 말씀이지 세상의 자녀
들에게 주어진 말씀이 아니다. 누군가는 두려움을 감당해야 하
는데 우리의 두려움을 그리스도께 맡겨드리지 않으면 우리 자
신이 그 두려움의 짐을 지고 있어야 한다. 반석이신 그리스도
를 믿고 의지하는 사람만이 반석의 안전을 누릴 수 있다. 그렇
지 않은 사람은 자기 혼자 모든 두려움과 위험에 맞서야 한다.

40

진리 앞에 완전히
순종하라

착각 속의 사람들

자신의 삶을 드라마로 만들고 그 드라마에서 자신이 주인공 역할을 하려는 본능은 누구에게나 있다.

자신이 '진리의 성배(聖杯)를 찾는 영웅'이라는 확신에 사로잡힌 사람은 스스로 우쭐해지면서 망상에 빠지게 된다. 그런데 그런 망상 때문에 오히려 진리를 보지 못한다. 말로는 진리를 찾는다고 하지만, 자신의 진리 찾기가 실패했다는 것을 훗날 인정해야 할 상황이 벌어지면 그는 다음과 같이 말하며 자신의 무죄를 주장할 것이다.

"나는 열심히 진리를 찾아보았다. 진리의 보물을 얻기 위해 여러 해 동안 여러 곳을 헤매지 않았는가? 내가 시도해보지 않은 방법이 어디에 있는가? 세상의 철학들과 종교들 중 내가 연구해보지 않은 것이 어디에 있는가?"

이렇게 항변하는 사람은 결국 자신에게 이렇게 말할 것이다.

"우주의 영(靈)과 지혜가 내 기대를 저버렸다. 대신령(大神靈, R. W. 에머슨 등의 사상에 나오는 '만물을 생성시킨다고 하는 영')이 나에게 비밀을 숨긴 것이다. 인생의 최고선(最高善)인 진리를 찾으려는 나의 성실한 노력이 물거품이 된 것은 내 잘못이 아니다."

그리고 상처받은 자존심을 가슴에 안고 석양 속으로 터덜터덜 걸어갈 것이다. 그의 비극은 아이스킬로스(Aeschylos, B.C. 525~456. 그리스의 비극 시인)의 비극에 비견될 만하다. 실패와 패배에도 불구하고 그는 당당하다.

이처럼 착각에 빠져 있는 사람들에게는 준엄한 사실을 이야기해주어도 고맙다는 말을 들을 수 없고, 그들과 친구가 되기도 힘들다. 꿈속에 빠져 있는 사람들의 꿈을 확 깨버리는 것은 소위 '긍정적 사고방식'에도 어긋난다. 그러나 망상에 빠진 '잃어버린 사람들'을 구해내려면 그렇게 할 수밖에 없다. 그런 사람들에게 나는 "진리를 발견하는 사람들이 그토록 드문 것은 진리 찾기가 어렵기 때문이 아니라 진리에 순종하려는 의지가 없기 때문이다"라고 말해주지 않을 수 없다.

진리가 우리를 찾아오신다

우리 주님은 "내가 진리이다"라고 말씀하셨고 또 "인자가 온 것은 잃어버린 자를 찾아 구원하려 함이니라"(눅 19:10)라고 말씀하셨다. 그러므로 진리를 발견하는 일이 어려운 것은 아닌데, 진리가 우리를 찾기 때문이다. 진리는 우리가 찾아야 할 '비인격적 대상'이 아니라 우리가 경청해야 할 '인격적 존재'이다.

이것은 하나님께서 인간을 다루신 역사를 기록한 성경 전체가 가르치고 또 당연히 여기는 사실이다. 에덴동산에서 범죄 행위가 일어난 다음 아담이 먼저 "오, 하나님! 어디에 계십니까?"라고 물은 것이 아니라 하나님께서 먼저 "네가 어디 있느냐"(창 3:9)라고 물으셨다. 하나님께서 에덴동산의 나무들 사이에 숨어 있는 아담을 찾아오셨다! 아브라함이 그분의 음성을 듣고 반응했을 때도 먼저 그에게 말을 거신 분은 하나님이셨다. 야곱이 하나님께 나아가기 전에 그분이 먼저 그를 찾아오셨다. 우리가 잘 알듯이, 그분은 불타는 떨기나무 가운데서 모세에게 나타나셨다.

하나님께서 주도권을 쥐고 행동하신 일들은 무척 많다. 하나님께서는 오브라에서 타작을 하고 있던 기드온을 찾아오셨다. 하나님께서는 이사야를 먼저 찾아오셨는데 그때 이사야가 하나님을 찾고 있었다는 증거는 없다. 예레미야가 태어나기도 전에 하나님께서는 그를 성별(聖別)하셨다. 하나님께서는 낙심한 제사장 에스겔에게 하늘을 열어주시어 환상을 보고 음성을 듣게 하셨다. 아모스는 그 자신의 말처럼 선지자도 아니고 선지자의 아들도 아니었지만 그가 양떼를 따를 때 하나님께서 그를 데려다가 선지자로 삼으셨다. 이런 모든 일에서 주도권을 행사하신 분은 하나님이셨다.

신약에 나오는 경우들도 다를 것이 없다. 육신적 도움을 얻으려고 예수님을 찾아오는 사람들은 구름같이 많았지만 진리를 알기 위해 그분을 찾는 사람들은 별로 없었다. 그 진리를 찾는 사람들조차 진리에 대한 이야기를 들었을 때는 대개 하나님께 등을 돌리고 떠났다. 신약성경이 우리에게 보여주는 그림은 '구주를 찾는 사람들'의 모습이 아니라 '사람들을 찾아오시는 구주'의 모습이다. 진리는 그 진리를 받아들일 만한 사람들을 찾고 있었다. 물론, 진리를 받아들이는 사람들은 극히 적었다. 예수님은 "청함을 받은 자는 많되 택함을 입은 자는 적으니라"(마 22:14)라고 말씀하셨다.

순종함으로 참 빛을 만나라

성경은 "참 빛 곧 세상에 와서 각 사람에게 비추는 빛이 있었나니"(요 1:9)라고 증언한다. 세상에 와서 각 사람에게 비추는 빛이 있었다. 그러므로 만일 우리가 "나는 정직하게 진리를 찾지만 아직 빛을 발견하지 못했다"라고 말한다면 우리는 스스로를 속이는 것이다. 이런 자기기만에 빠져 있는 사람은 위험한 상태에 처해 있는 것이다. 왜냐하면 즉각적인 도움을 받지 못하면 영원히 어둠 속에 갇혀버릴 것이기 때문이다. 예수님께서는 "네게 있는 빛이 어두우면 그 어둠이 얼마나 더하겠느냐"(마 6:23)라고 말씀하셨다.

빛을 찾지 못하는 우리의 실패 뒤에는 고백되지 않은 어둠에 대한 사랑이 도사리고 있다. 우리는 그런 어둠에 대한 사랑을 스스로 의식하지 못하고 있는 것인지 모른다.

"그 정죄는 이것이니 곧 빛이 세상에 왔으되 사람들이 자기 행위가 악하므로 빛보다 어둠을 더 사랑한 것이니라 악을 행하는 자마다 빛을 미워하여 빛으로 오지 아니하나니 이는 그 행위가 드러날까 함이요 진리를 따르는 자는 빛으로 오나니 이는 그 행위가 하나님 안에서 행한 것임을 나타내려 함이라 하시니라"(요 3:19-21).

우리는 우리가 받은 빛에 대해 책임을 져야 한다. 그런데 그것이 전부는 아니다. 우리는 우리가 순종했더라면 받았을 빛에 대해서도 책임을 져야 한다. 진리에게는 주권이 있기 때문에 우리가 진리를 대수롭지 않게 여기는 것은 용납되지 않는다.

진리를 발견하는 것은 어렵지 않은데 진리가 우리를 찾으려고 노력하기 때문이다. 문제는 순종이다! 우리가 순종하기를 거부하는 한 우리는 계속 어둠 속에 있을 수밖에 없다.

41

신뢰의 중요성

"믿음이 없이는 하나님을 기쁘시게 하지 못하나니"(히 11:6)
라는 말은 그리스도인의 삶을 위한 대원칙들 중 하나가 되었
다. 그런데 "하나님과 우리 사이의 관계에서 왜 믿음이 그토록
필수적인 것인가?"라는 질문에 대해 깊이 생각하는 그리스도
인들이 많지 않은 것 같다. 왜 믿음이 그토록 필수적일까? 그
이유에 대해 생각해 보자.

우리는 도덕적 우주 안에서 살고 있다. 우주는 물질로 이루
어져 있지만 우주의 본질은 물질이 아니다. 우주의 일부에서
수학적 법칙이 작용하지만 수학적 법칙이 우주의 본질은 아니
다. 우주를 만드신 하나님께서는 도덕적 존재이시다. 하나님께
서는 도덕적 피조물을 자신의 세상 안에 만들어놓으셨다.

우리가 듣기로는 하나님의 존전으로 나아갈 수 있는 신비한 존재들이 있다. 그들은 온 우주를 돌아다니며 지극히 높으신 분의 종으로 일한다. 구약의 시편에는 "능력이 있어 여호와의 말씀을 행하며 그의 말씀의 소리를 듣는 여호와의 천사들이여 여호와를 송축하라"(시 103:20)라는 말씀이 나온다. 성경은 적어도 네 가지의 신비한 존재들에 대해 언급하며, 또 '순찰자들'(단 4:17)과 '거룩한 자들'(단 4:17)에 대해 언급한다. '순찰자들'과 '거룩한 자들'은 앞의 네 가지 존재들과는 다른 존재들을 가리키는 표현일 수도 있고, 아니면 그것들을 가리키는 표현일 수도 있다.

또 다른 존재가 있는데 이 존재는 우리에게 친숙한 존재이다. 마지막 피조물인 이 존재는 타락 전에는 하나님의 모든 피조물들 중에서 가장 높은 존재였다. 바로 인간이다! 인간은 하나님의 형상과 모양대로 지음 받았기 때문에 인간과 하나님 사이의 관계는 도덕적이고 영적인 독특한 관계이다.

품성은 도덕적 존재들의 미덕이다. 그러므로 이 도덕적 우주에서 최고의 가치는 품성일 수밖에 없다. 강철의 미덕은 강함이고, 미술의 미덕은 아름다움이듯이 인간의 미덕은 도덕적 품성이다. "정직한 인간은 하나님의 가장 고상한 작품이다"라는 격언이 있다. 흔히 존 웨슬리의 격언으로 추정되는 이 말은 언뜻 듣기에는 극단적인 말로 느껴질 것이다. 하지만 여기서 '정직한'이라는 말이 모든 도덕적 미덕들을 대표한다고 해석해보라. 그러면 이 격언이 이해될 것이고, 이 격언에 동의하게 될 것이다. 성도는 깊은 영성의 소유자여야 할 뿐만 아니라 균형 잡힌 미덕과 품성의 소유자여야 한다.

도덕적 존재들 사이의 관계가 성립하려면 '신뢰'가 있어야 하는데 신뢰는 약속을 지키는 품성이 있어야 가능하다. 죄가 세상을 뒤죽박죽으로 만들었기 때문에 사람들의 일관된 도덕적 행동을 세상에서 찾아보기 힘든 것이 사실이다. 하지만 그럼에도 불구하고 도덕적 세상에서 살기 위해서는 동료 인간들을 신뢰해야 한다. 신뢰가 완전히 무너진다면 사회는 모래알처럼 흩어지고 문명의 기둥이 붕괴하여 결국 이 세상은 잔인한 짐승의 세상으로 전락할 것이다. 때로는 사람들이 아무리 악해진다 할지라도 우리는 서로를 신뢰해야 한다. 신뢰가 없으면 세상이 혼돈으로 빠져들 것이기 때문이다.

하나님을 향한 믿음을 상실할 때

그렇다면 이런 사실을 전제하고 이제 하나님에 대한 믿음에 대해 생각해보자. 하나님은 지고(至高)의 도덕적 미덕을 소유한 분이시다. 거룩한 품성을 구성하는 모든 덕목이 그분에게서 무한히 또 완전히 발견된다. 그러므로 인간을 포함하여 모든 도덕적 피조물들이 하나님을 무한히 또 완전히 신뢰하는 것은 당연하다. 하나님에 대한 신뢰, 즉 믿음이 없다면 그분과의 관계는 불가능해진다. 믿음이 없으면 하나님을 기쁘시게 해드릴 수 없다.

하나님을 향한 믿음을 상실했을 때 인간의 죄가 시작되었다. 인류의 어머니 하와가 하나님의 품성에 대해 빈정거리는 사탄의 교활한 말에 귀를 기울였을 때 그녀는 그분의 성실함을 의심하기 시작했고, 그때 죄의 문이 열려서 온갖 악(惡)이 들어와 세상을 어둠 속으로 몰아넣었다.

성경은 인간이 하나님의 원수가 되어 그분에게서 멀어졌다고 말한다. 이 말이 너무 가혹하거나 극단적이라고 느껴지는가? 그렇다면 한 번 상상해보라. 세상에서 가장 친한 당신의 친구가 심각한 표정으로 당신을 찾아와 매우 차갑게 "나는 너를 신뢰하지 않아. 네 품성에 대한 믿음이 다 사라졌어. 네가 하는 일이라면 모두 의심하지 않을 수 없어"라고 말한다고 상상해보라. 그런 일이 일어나면 당신과 그 사람 사이는 극도로 멀어질 것이다. 왜냐하면 우정의 기초가 되는 신뢰가 여지없이 무너졌기 때문이다. 당신에 대한 그 사람의 생각이 예전으로 돌아가기 전에는 당신과 그와의 교제는 불가능할 것이다. 먼저 신뢰가 회복되어야 비로소 우정이 회복될 것이다.

극소수의 극단적 불신자들만이 하나님을 믿지 않는다고 공개적으로 말할 것이다. 하나님 앞에 당당히 나아가 그분께 "하나님, 저는 하나님을 신뢰하지 않습니다"라고 말하는 사람은 거의 없을 것이다. 그러나 말보다 더 무서운 것은 행동이다. 불신앙을 시종일관 행동으로 보여주는 사람들이 세상 어디에나 있다는 것은 두려운 사실이다.

하나님과 화목을 이루라

우상숭배는 최악의 죄이다. 우상숭배가 낳은 자식이 불신앙이다. 우상숭배와 불신앙은 지극히 높으신 분, 지극히 거룩하신 분의 품성을 욕되게 하는 죄이다. 사도 요한은 "하나님을 믿지 아니하는 자는 하나님을 거짓말하는 자로 만드나니"(요일 5:10)라고 말한다. 만일 하나님께서 거짓말을 하신다면 그분에게는 성실함이 없는 것이고, 성실함이 없으면 신뢰도 없는 것이다.

불신자가 왜 하나님을 신뢰하길 거부할까? 그것은 하나님에 대한 그의 개념이 저급하고 수치스런 것이기 때문이다. 우상숭배자와 불신자를 구별하여 "우상 숭배자는 거짓 신을 경배하는 것이고 불신자는 거짓 신을 경배하는 일조차 하지 않는다"라고 말하는 것은 물론 맞는 말이다. 하지만 그렇다고 해서 "불신자는 금상(金像) 앞에서 향을 피우지 않기 때문에 우상 숭배자가 아니다"라고 말할 수는 없다.

그러나 기독교가 전하는 기쁨의 소식이 있다. 하나님으로부터 멀어진 인간이 불신앙의 자리를 떠나 그분께 돌아갈 수 있다는 것이 그 기쁨의 소식이다. 성경은 "하나님께 나아가는 자는 반드시 그가 계신 것과 또한 그가 자기를 찾는 자들에게 상 주시는 이심을 믿어야 할지니라"(히 11:6)라고 선언한다. 복음의 메시지에 따르면, 인간이 하나님께 악을 행하였지만 그분이 그 악을 담당하셨다. 그것은 물론 악을 행한 인간을 구원하시기 위함이다.

무엇보다도 회개의 의미는 그토록 오랫동안 하나님을 믿지 않은 것에 대해 용서를 비는 것이다. 믿음은 하나님을 온전히 신뢰하면서 그분께 자신을 맡기는 것이다. 그런 믿음이 있을 때 그분과 인간 사이에 화목이 이루어진다.

42

하늘나라에 항상
정신을 집중하라

주의산만을 주의하라

경건한 마음을 계속 유지하는 것은 성공적 그리스도인의 삶을 위해 필수적이다.

우리는 건전지를 충전한 후에 그것을 잊어버리고 비타민 한 알을 먹은 후에도 그것을 잊어버릴 때가 있다. 하지만 거룩함과 능력을 받은 후에 그 사실을 잊어버려서는 안 된다.

세상이 우리의 신앙을 대적한다. 육신과 마귀가 대적하는 것은 말할 것도 없다. 영적 생활에서 앞으로 나아가려고 애쓸 때마다 세상과 육신과 마귀는 필사적으로 우리에게 저항한다. 한 걸음 앞으로 나아가면 굳게 결심하고 반드시 그것을 지켜야 한다. 전쟁터에서 뒤로 물러서지 않으려고 굳게 결심한 병사들처럼 말이다.

경건한 마음을 계속 유지하려면 그리스도 안에 거해야 하고 성령 안에서 행해야 하며 항상 기도해야 하고 주야로 하나님의 말씀을 묵상해야 한다. 또 세상을 버리고 육신을 부정해야 한다. 또 우리가 이해한 하나님의 뜻에 순종해야 한다.

경건한 마음은 무엇인가? 우리를 품으시는 하나님의 임재를 늘 의식하고 그분과 마음으로 대화하고 영(靈)과 진리로 개인 예배를 드리면 경건한 마음이 계속 유지된다. 공중 예배는 신자들이 모여서 드리는 것인데 경건한 마음을 가진 신자들이 모일 때 비로소 진정한 예배가 된다. 그렇지 못한 예배는 형식뿐인 예배이기 때문에 하나님께서 받지 않으신다.

경건한 마음을 방해하는 적들 중 가장 해로운 것은 주의산만(注意散漫)이다. 호기심을 자극하는 것, 생각을 흩트리는 것, 마음을 흔드는 것, 이런 것들은 하나님나라에 집중하려는 우리의 마음을 빼앗아 세상으로 향하게 한다. 이것이 바로 주의산만이다.

과학에 힘입어 눈부신 문명을 건설한 이 사회가 우리에게 많은 유익을 준 것이 사실이지만, 우리의 주의를 많이 빼앗아간 것도 사실이다. 오늘날의 문명은 득(得)보다 실(失)이 많다.

그런데 한 가지 분명한 것은 시간을 거꾸로 돌려서 과거의 조용한 시대로 돌아갈 수 없다는 것이다. 이 시대의 소란한 문명을 피해서 숨어 살 수는 없다. 그러므로 우리는 현재와 같은 세상에 살면서도 신앙적으로 승리하는 법을 배워야 한다.

마음의 정원을 가꾸라

우리가 일상생활을 할 때 우리의 주의를 산만하게 하는 피할 수 없는 몇 가지가 있다. 하지만 내적 평정을 유지하는 법을 배운다면 그런 것들이 주는 피해를 꽤 줄일 수는 있다.

역사적으로 볼 때, 적지 않은 그리스도인들이 국가 경영이나 회사 경영의 중책을 감당하면서도 늘 마음의 평정을 유지하며 하나님을 모시고 신앙생활을 했다. 그들이 우리에게 남겨준 귀한 신앙적 유산이 있는데 그것은 그들의 편지와 일기, 찬송가와 경건서적이다. 이런 것들은 갈릴리 바다를 잔잔케 하신 주님께서 풍랑이 이는 우리의 마음까지도 잔잔케 하실 수 있었다고 증언한다. 과거와 마찬가지로 현재도 귀를 기울이는 사람들은 풍랑과 지진의 소동 속에서도 주님의 세미한 음성을 들을 수 있다.

우리의 주의를 산만하게 하는 것들을 우리가 하나님의 은혜에 힘입어 극복할 수 있는 것은 사실이다. 하지만 그렇다고 해서 그런 것들에 우리 자신을 불필요하게 노출시키는 것은 잘못된 일이다. 공연히 이런저런 상상에 빠지는 것, 다른 사람들의 일에 대해 꼬치꼬치 캐물으며 관심을 갖는 것, 불필요한 외부적 활동에 너무 몰입하는 것, 이런 것들은 조만간 우리의 신앙생활에 큰 지장을 초래하게 된다. 우리 마음은 정원 같아서 잡초와 해충들이 자꾸 생겨서는 안 된다. 마음의 정원을 가꾸지 않으면서 낙원의 꽃과 열매를 바라는 사람이 있다면 그는 인간을 다루시는 하나님의 방법과 은혜를 오해한 것이다. 하나님께서 정하신 영적 생활의 원리들을 계속 어기면 슬픔과 실망을 피할 수 없다.

사람들의 주의를 빼앗아가는 문명의 이기(利器)들이 사람들을 행복하게 해주지 못했고 오히려 불행하게 만들었다. 두 경우를 비교해보자. 전통적으로 우리 할머니들은 접시꽃으로 둘러싸인 베란다에 앉아 평안하고 만족스런 표정으로 뜨개질을 하는 모습을 보여주었다. 그러나 오늘날 주부들은 집안일을 빨리 끝내고 정신과 의사에게 가서 상담을 받기 위해 집안에서 분주히 움직이는 모습을 보여준다. 오늘날의 주부들은 가사노동을 편하게 해주는 온갖 문명의 이기들에 둘러싸여 있지만 정신적으로는 지쳐 있다.

물론 지금 말한 이 두 경우는 약간 과장된 것이다. 과거의 할머니들이 보기만큼 그렇게 평안한 것은 아니었을 것이다. 또 현재의 주부들이 우리가 생각하는 만큼 큰 좌절 속에 살아가는 것은 아닐 것이다. 하지만 그럼에도 내가 방금 말한 두 경우에는 깊은 진리가 담겨 있다. 문명의 이기나 인위적 노력이 반드시 행복을 주는 것은 아니다. 오히려 신경 쓸 것이 많은 현대인의 마음을 더욱 복잡하게 만들 수도 있다.

너희는 가만히 있어

주의산만을 치료하는 방법은 소박했던 과거 시대나 지금이나 똑같다. 기도하고 묵상하고 내적 생명을 가꾸는 것이 그 방법이다. 시편에는 "너희는 가만히 있어 내가 하나님 됨을 알지어다"(시 46:10)라는 말씀이 나온다. 예수님은 우리에게 골방에 들어가 문을 닫고 하늘의 아버지께 기도하라고 가르치셨다. 시편과 우리 주님이 알려주신 방법은 지금도 확실한 효과를 볼 수 있다.

그리스 교부 니케포루스는 이렇게 말했다.

"형제들이여, 우리 자신에게 돌아가자. 먼저 우리가 최대한 우리 자신에게 돌아가지 않으면 우리가 하나님과 화해하고 연합하는 것이 불가능하다. 복잡다단한 헛된 걱정들로 가득 찬 세상의 소용돌이에서 벗어나는 것은 정말 위대한 일이다. 우리 안에 있는 하늘나라에 항상 정신을 집중하라. 그러면 하나님께 가까이 가게 될 것이다."

우리의 주의산만을 유발하는 것들을 정복하라. 그렇지 않으면 그것들이 우리를 정복할 것이다. 단순하고 소박한 삶을 가꾸어 나가자. 손에 너무 많은 것을 쥐고 있지 말자. 성령 안에서 행하자. 하나님의 말씀으로 우리의 머리를 채우고 그분을 기리는 찬양을 우리의 마음에 채우자. 그러면 우리의 머리와 마음에 온갖 시끄러운 것들을 강요하는 현대사회에서도 마음의 평정을 유지하며 살아갈 수 있을 것이다. 주님이 "평안을 너희에게 끼치노니 곧 나의 평안을 너희에게 주노라"(요 14:27)고 말씀하셨다는 것을 기억하라.

43

두 개의 세계

신약성경의 교훈에 따르면, 그리스도의 제자가 되려는 사람
은 세상과 사귀지 말고 세상을 등져야 한다.

우리 주님은 하나님나라와 세상 사이에 분명한 선을 그으셨
으며, 우리가 세상과 하나님나라를 모두 사랑할 수 없다고 말
씀하셨다. 바울과 야고보와 요한도 주님처럼 가르쳤다(고후
6:14-18 ; 약 4:4 ; 요일 2:15-17 참조). 따라서 스스로를 가리켜 그리
스도의 제자라고 주장하는 우리는 세상과 우리 사이의 관계가
어떻게 되어 있는지를 반드시 짚어보아야 한다.

그런데 그리스도인과 세상 사이의 관계가 언뜻 보기처럼 그
렇게 간단한 것이 아니다. 세상이 무엇이냐 하는 문제에 대해
서 그리스도인들 사이에서도 의견 차이가 많다. 어떤 무엇과

우리 사이의 관계를 어떻게 설정하는지에 대한 문제를 풀려면 먼저 그 어떤 무엇에 대해 알아야 한다.

우선 우리가 알아야 할 사실은 우리 주위에 두 개의 세계가 함께 존재하고 있다는 것이다. 그 둘 중 하나의 세계는 하나님께서 무(無)로부터 만들어내신 세계이다. 또 다른 하나는 인간이 하나님께서 만드신 원재료를 사용해서 만들어놓은 세계이다. 특히 도덕적 관점에서 볼 때, 인간은 본래의 세계를 기형적으로 만들어놓았다. 이 두 세계는 모두 인간의 타락에 영향을 받았지만, 하나님의 명령이 금한 것은 오직 하나의 세계이다.

자연은 하나님의 선물이지 숭배의 대상이 아니다

초도덕적이고 비지성적인 피조물, 즉 자연은 인간을 위해 창조되었지만 인간의 영적 타락 때문에 해를 당했다. 그렇다고 자연은 악한 존재라고 불릴 수 없는데 인격적 존재가 아니기 때문이다. 어떤 사람들은 자연 세계를 하나님과 동일시하는 잘못을 범한다. 하지만 그런 잘못을 범하지 않고 자연을 하나님의 선물로 이해한다면 자연을 사랑하는 것은 잘못된 일이 아니다.

이스라엘 민족은 애굽에서 종살이할 때 애굽의 우상숭배를 눈으로 볼 수밖에 없었다. 그들을 애굽에서 이끌어내셨을 때 하나님은 그들에게 자연숭배에 대해 다음과 같이 경고하셨다.

"여호와께서 호렙 산 불길 중에서 너희에게 말씀하시던 날에 너희가 어떤 형상도 보지 못하였은즉 너희는 깊이 삼가라 그리하여 스스로 부패하여 자기를 위해 어떤 형상대로든지 우상을 새겨 만들지 말라 남자의 형상이든지, 여자의 형상이든지, 땅 위에 있는 어떤 짐승의 형상이든지, 하늘을 나는 날개 가진 어떤 새의 형상이든지, 땅 위에 기는 어떤 곤충의 형상이든지, 땅 아래 물속에 있는 어떤 어족의 형상이든지 만들지 말라 또 그리하여 네가 하늘을 향하여 눈을 들어 해와 달과 별들 하늘 위의 모든 천체 곧 너희의 하나님 여호와께서 천하 만민을 위하여 배정하신 것을 보고 미혹하여 그것에 경배하며 섬기지 말라"(신 4:15-19).

유대의 기독교적 전통 안에서 성장한 사람들은 자연숭배가 불합리한 것이라고 느낄 것이다. 그러나 눈길을 살짝 돌려 이교(異敎) 문화라는 것을 들여다보면 과거나 현재의 거의 모든 이교 문화들에서 자연숭배가 쉽게 발견된다. 사실, 인간이 이제까지 숭배하지 않은 자연물이 없다고 해도 과언이 아니다.

피조세계는 그것의 유용성 때문에 귀한 존재로 대접받아야 하고, 그것의 아름다움 때문에 사랑받아야 한다. 무엇보다도 그것은 하나님의 자녀들을 위한 그분의 선물이기 때문에 존중되어야 한다. 그토록 많은 순수한 음악과 미술과 시를 창작할 수 있는 원동력이 된 자연의 아름다움에 대한 사랑은 아주 바람직한 것이다. 물론 자연이라는 선물을 주신 하나님을 무시하고 자연 자체에 매료되는 경향이 거듭나지 못한 사람들에게서 발견되는 것은 사실이다.

하지만 그렇다고 해서 그리스도인이 자연을 사랑하지 말라는 법은 없다. 성령의 빛을 받고 하나님을 지극히 사랑하는 그리스도인이 그분을 위해 자연을 사랑하는 것은 얼마든지 허락된다. 이런 올바른 자연 사랑의 철학은 구약의 시편과 선지자들의 글에 나타난 교훈과 완전히 일치한다. 신약에서는 자연에 대한 강조가 구약만큼 많이 나오지는 않지만 그래도 자연의 진가에 대한 이해가 많이 나온다.

우리가 경계해야 할 죄의 세계

그렇다면 사도들이 우리에게 경계하라고 말한 세계는 무엇인가? 우리를 유혹하여 영적 간음의 죄에 빠지게 만드는 그 세계는 무엇인가? 우리가 하나님을 사랑하지 못하도록 방해하는 그 세계는 무엇인가?

죄로 가득한 인간 사회가 바로 그 세계이다. 이 사회는 우리가 익히 잘 알고 있는 세계이다. 노아의 홍수 때에 많은 물이 밀려와 방주 주변에서 철썩거렸듯이 이 죄악 된 사회의 거센 파도가 우리 주위로 몰려와 넘실댄다. 이 사회가 어떤 것인지, 어디에서 발견되는지를 알려는 마음만 있다면 어떤 그리스도인이라도 쉽게 그것을 알 수 있다. 그러면 이제 죄로 가득한 사회의 분명한 특징들을 몇 가지 살펴보자.

죄로 가득한 사회의 첫 번째 특징은 불신앙이다. 성령의 감동으로 기록된 성경의 권위에 복종하기를 거부하는 사람은 세상에 속한 사람이다. 하나님의 아들이 없는 종교는 세상의 종교이다. 불신앙 속에 살아가는 사람들과 사귀는 것은 세상을 사랑하는 것이다. 그리스도인은 그리스도인과 사귀어야 한다.

두 번째 특징은 회개하지 않음이다. 세상 사람들도 자기들이 죄인이라고 쉽게 인정한다. 하지만 죄를 슬퍼하지 않기 때문에 그들은 하나님의 자녀들과는 확연히 구별된다. 그리스도인은 죄를 슬퍼하고 또 위로를 받는다. 세상 사람들은 자기의 죄를 대수롭지 않게 여기며 계속 죄를 짓는다.

세 번째 특징은 하나님 없는 철학이다. 세상에 속한 사람들도 자기들이 의식하든 못하든 간에 그들 나름대로의 철학에 의해 살아간다. 그들이 맺는 열매를 보면 우리는 그들이 어떤 철학에 의해 살아가는지를 알게 된다.

세상 사람들은 말로는 내세를 믿는다고 말하지만 사실은 내세를 믿지 않기 때문에 내세에 대한 준비를 하지 않고 살아간다. 그들에게는 하늘보다 땅이, 영원보다 세상이, 영혼보다 몸이, 하나님보다 사람이 더 중요하다. 그들이 볼 때 죄는 비교적 해롭지 않은 것이며, 관습에 따라 사는 것이 옳다. 그들은 인간의 본성이 본래 선하다고 생각한다. 그런 사람들은 비록 교회에서 장로가 되었다 할지라도 사실상 세상의 아들이다.

죄로 가득한 사회의 네 번째 특징은 땅에 속한 것들을 추구하는 것이다. 하늘의 사람들은 그들 안에 있는 하나님나라를 위해 살아간다. 반면에 땅의 사람들은 그들 주변의 세상을 위해 살아간다. 전자는 성령으로 난 사람들이지만 후자는 육신에서 난 사람들이기 때문에 육신과 함께 멸망할 것이다.

이제까지 한 말을 정리해보자. 자신의 유익을 구하는 것, 삶의 가치를 떨어뜨리는 것, 영혼을 굶주리게 만드는 것, 성경적 근거가 없는 희망을 품는 것, 세상에서 유행하는 도덕적 기준을 받아들이는 것, 옳고 그름을 묻지 않고 다수의 길을 따르는 것, 죽음과 심판에 대한 생각에서 벗어나기 위해 육신적 쾌락에 탐닉하는 것, 이런 것들이 바로 세상에 속한 것들이다.

요한은 "이 세상이나 세상에 있는 것들을 사랑하지 말라 누구든지 세상을 사랑하면 아버지의 사랑이 그 안에 있지 아니하니"(요일 2:15)라고 말했다.

44

철저하게 예배와
교제를 회복하라

주님이 가르쳐주신 교회

그리스도께서 선포하신 교회, 사도행전에 기록된 교회, 사도
바울이 설명한 교회, 이런 교회는 아주 소박하고 아름다운 것
이다.

그러나 오늘날 교회는 균형을 잃고 매우 복잡하고 추하다.
신약성경에 기록된 교회에 대해 잘 알고 있는 하늘의 천사가
이 땅에서 교회를 찾아보라는 사명을 받고 이 땅의 기독교를
찾아온다고 가정해보자. 아마 그는 신약의 교회 같은 교회를
찾는 데 큰 어려움을 겪을 것이다. 슬프게도 우리는 주님이 산
상설교에서 가르쳐주신 교회의 모범에서 멀리 이탈해 있다!

거듭난 신자들이 예수 그리스도의 이름으로 모인 공동체가
신약이 가르쳐준 교회이다. 그 공동체는 그리스도께 부름을 받

아 세상에서 빠져나와 그분을 중심으로 모인다. 마치 양떼가 목자를 중심으로 모이듯이 말이다. 이 공동체에 속한 구성원들은 도덕적인 면에서 세상과 확연히 구별되기 때문에 세상 사람들에게 조롱당하는 소수 그룹이다.

그들은 그리스도를 증언한다. 그분이 누구신지를 증언하고, 그분의 사역과 직위를 증언하고, 그분이 현재 지극히 크신 분의 우편에 계시다는 것을 증언한다. 그들은 세상에 나가서 "너희는 하나님과 화목하라!"라고 외치며 그리스도의 복음을 전하고, 다시 교회에 모여 예배하고 기도하고 가르치고 설교자의 메시지를 듣는다. 그들은 권면하고 간증한다. 또 성령께서 주신 영적 은사를 사용하여 모든 신자들에게 유익을 준다.

보편 교회를 대우주라고 부른다면 개교회(個教會)는 소우주라고 불릴 수 있는데, 보편 교회의 모든 특징이 개교회에서 나타나야 한다. 개교회는 교회의 머리이신 그리스도께서 이루려고 하시는 모든 일을 이룰 수 있도록 준비되어 있어야 한다. 그런 개교회가 존재한다면 그것은 참된 교회요, 완전한 교회이다. 그런 개교회는 전 세계의 신자들을 모두 한자리에 모아놓는다 할지라도 개교회의 완전함에 부족함이 없을 정도로 완전한 개교회가 될 것이다.

개교회는 말 그대로 지극히 깊은 영적 교제의 공동체가 되어야 한다. 그런 개교회는 영적 능력과 생명의 수여(授與)를 통해 탄생한다. 그렇게 탄생한 교회가 성령의 인도와 지혜 가운데 조직화되어 더욱 강한 교회로 성장할 수 있는 것이 사실이지만, 조직화가 교회를 탄생시키는 것은 아니다. 남은 일을 정리하고 사도 바울이 명한 대로 각 성에 장로들을 세우기 위해 디도가 그레데에 남겨지기 전에도 그레데에는 교회가 있었다(딛 1:5 참조). 복음 선포를 통해 탄생한 교회를 조직화하는 것은 가능하지만, 조직화가 교회를 낳는 것은 아니다. 복음만이 교회를 낳는다. 복음이 없으면 교회도 없다.

진정한 교제를 회복하라

이 시대에 성회(聖會)의 개념이 사라지도록 만든 두 가지 요인에 대해 간단히 살펴보자(다른 시대에 대한 이야기는 하지 않을 것이며, 또 이 시대의 다른 문제들에 대해서도 언급하지 않을 것이다).

내가 첫 번째로 언급하고 싶은 것은 교파주의이다. 교파주의는 신자들을 상호 배타적인 집단들로 나눈다. 교파주의가 이 시대에 생긴 것은 아니다. 현재 우리는 오래전에 뿌려진 교파주의의 씨앗에서 생긴 열매들을 거두고 있다. 나는 한 교파에 속하여 여러 해 동안 일해 왔으며 다른 교파들에 가서 자유롭게 말씀을 전하고 있다. 하지만 나는 교파주의라는 '성경에 없는 현상'의 해악에 대해 모르지 않는다.

지금 나는 교파주의에 관한 문제를 해결할 수 있는 처방전을 내놓겠다는 것이 아니다. 다만 몇 가지 사실들을 지적할 뿐이다. 물론 그 사실들은 우리를 낙심시킨다. 먼저 자기 교파에 대한 충성심이나 다른 교파에 대한 적대심이 강한 성도들의 예배에서는 그리스도 또는 성도들과 교제를 나누고 있다는 느낌을 전혀 가질 수 없다. 그런 느낌이 없다면 진정한 예배라고 할 수 없다! 물론 영성이 강한 소수의 성도들은 그런 예배에서도 진정한 교제를 나누는 느낌을 맛보겠지만 대다수의 성도들은 그렇지 못하다.

프로그램이 아닌 예배를 드려라

내가 두 번째로 언급하고 싶은 것은 신약이 가르치는 교회관(教會觀)을 흐리게 만드는 장막주의(tabernacleism)이다. 장막주의 운동은 1910년대와 1920년대에 번성했다. 그 후 그것이 사라졌지만 그것의 불행한 유산은 아직도 남아 있다. 다시 말해서, 그런 운동이 일어나도록 만든 종교적 사상, 그리고 그 운동이 만들어놓은 분위기는 아직도 남아 있다.

그런데 묘한 것은 장막주의가 교파주의에 대한 반발로 생겨났다는 사실이다. 노련한 교회 운영의 기술을 가진 수완 좋은 사람이 기성 교파에서 떨어져 나가 자기와 비슷한 사람들을 모아서 독립적 그룹을 만드는 경우들이 생겼다. 대개 그런 사람들은 신학적 지식이 별로 없으며, 신학을 배우려는 열정이나 시간도 없다. 그래서 그런지 그들은 극장에서 사용되는 기법을 받아들였는데 놀랍게도 그런 기법은 잘 먹혀 들었다.

장막주의를 시작해서 발전시킨 사람들의 교회관을 알려면 그들이 즐겨 사용하는 용어들을 보면 된다. 그들은 '교회' 또는 '성회'라는 단어보다는 '일' 또는 '사역'이라는 단어를 사용하고, '예배'라는 말보다 '프로그램'이라는 말을 즐겨 쓴다. 요란한 소리를 내는 악기를 가지고 설교단에 오르는 3류 연주자를 가리켜 '아티스트' 즉 '예술가'라고 표현한다. 극장 공연의 사회자에게서 흔히 들을 수 있는 '하룻밤 출연'이니 '몸소 오셨다'라는 말도 자주 입에 올린다. 그들의 입에서 자주 튀어나오는 이런 어휘들은 그들이 하나님의 방법을 버리고 타락한 세상의 방법에 의지한다는 것을 보여주는 증거이다. 그들은 자기들이 정통주의에 굳게 서 있다고 주장하면서 방법은 세상의 것을 따른다!

다른 기독교 지도자들을 비판하는 것이 내 의도는 아니다. 신약성경이 보여준 예배의 모범이 조금이라도 우리 가운데 남아 있다면 나는 그것에 대해 감사할 것이다. 내가 간절히 바라고 기도하는 것은 현재의 복음주의 교회가 즉시 약속의 땅으로 돌아가는 것이다. 우리는 바벨론에 너무 오래 머물렀다. 복음주의 교회가 약속의 땅으로 돌아가기 위해 제일 먼저 해야 할 것 중 하나는 자신의 정체성을 회복하는 것이다.

45

예수 방향을 향하여
달려가라

세상에 적응하려는 그리스도인

현대사회에서 아주 남용되는 단어들 중 하나는 '적응하다'
(adjust)라는 말이다.

물론 내가 처음으로 이 단어의 남용에 대해 불만을 제기하는
것은 아니다. 다만 내가 볼 때, 나의 불만제기의 이유가 다른 사
람들의 불만제기의 이유보다 조금 더 차원이 높다고 생각된다.
다른 사람들은 이런 남용이 사회에 끼치는 영향에 대해 불평하
지만 나는 그것이 영적 분야에 끼치는 영향에 대해 불평하기
때문이다.

현재 일어나고 있는 이런 남용을 질타하는 사려 깊은 사람들
은 이렇게 말한다.

"현재 많은 사람들이 주장하는 적응은 거의 모든 경우에 있

어서 '하향 적응'이다. 다시 말해서, 사람들을 평범한 보통 수준에 맞추려는 시도이다. 그렇게 되면 사회의 교육은 평범함을 궁극적 목적으로 삼는 교육에서 벗어날 수 없게 된다."

평범함을 지향하고 모든 사람을 동일하게 만들려는 열정은 가정에서 부모에 의해 시작되고, 학교로 퍼져나가고, 광고를 통해 전파된다. 오늘날 광고는 가장 강력한 교육적 영향을 미치고 있다. 광고 문안을 쓰는 카피라이터들은 보통 사람들의 사고 형성에 막강한 영향을 미친다. 학교의 영향력과 교회의 영향력을 합한다 해도 그들의 영향력을 당해낼 수 없다.

카피라이터가 그토록 엄청난 영향력을 향사하는 데에는 두 가지 이유가 있다. 첫 번째는 사람들이 부모의 훈계와 교회의 선한 가르침을 피할 수는 있지만 카피라이터를 피할 수는 없기 때문이다. 지구상에 사는 사람들이 중력 다음으로 피할 수 없는 존재가 바로 카피라이터이다.

두 번째는 완벽한 의사소통 기술을 배웠기 때문이다. 그가 거짓말을 할 수도 있지만(때로는 그가 실제로 거짓말을 한다) 적어도 그는 자기의 생각을 대중에게 매우 잘 전달한다. 적어도 그런 점에서는 그가 학교와 교회보다 뛰어나다.

그리스도인들의 큰 문제는 그리스도께 나아올 때 한 가지 점에 대해서는 이미 결심을 하고 나아온다는 것이다. "내가 미치지 않으려면 사회에 적응해야 한다"라는 것이 바로 그 결심이다. 사회에는 반드시 적응해야 한다는 가치관이 유치원에 다닐 때부터 그들의 머릿속에 박혀버렸기 때문에 그것에 이의를 제기한다는 생각은 그들에게 떠오르지 않는다. 그들이 반드시 따라야 할 규범이 사회에 있으며, 그 규범은 비판의 대상이 될 수 없는 절대적인 것이라는 생각이 그들을 사로잡고 있다. 그들이 볼 때, 그들의 성공과 행복은 그런 규범에 얼마나 잘 적응하는 가에 따라 좌우된다. 기독교가 그런 규범에 어떤 무엇을 첨가할 수는 있겠지만 그들의 생각은 그런 규범에 반드시 동의해야 한다는 것이다.

"행복해지려면 사회의 규범에 적응하라"는 것이 수많은 사람들의 가치관이다. 하지만 그런 가치관이 정말 옳은 것인지를 철저히 검토해보면 엄청난 허점이 발견된다. 우리가 적응해야 한다고 사람들이 떠들어대는 규범이 어디에서 온 것인가? 모세가 산에서 하나님께 받아 가지고 내려온 십계명처럼 무슨 근거가 있는 것인가? 그런 규범에 신임장이 있는가? 누가 그런 규범에 권위를 부여했는가?

세상은 내가 세상의 신념과 도덕기준과 행동철학에 적응해야 한다고 주장한다. 그렇다면 나는 세상에 이렇게 묻고 싶다.

"세상아! 네가 그렇게 주장한다면 너는 네가 어디로 가고 있는지, 무엇을 원하는지, 왜 원하는지 아느냐? 너의 규범에 적응하여 인생의 최고선(最高善)을 발견하고 행복을 얻은 사람들이 전 세계에 적어도 수백만이 된다면 나는 네 말을 믿겠다. 그러나 그런 사람들은 없다."

세상의 규범이 옳다면 그것에 적응하여 번영과 평화와 만족과 행복을 얻은 국가들이 생겨야 하는데, 그런 국가는 나타나지 않았다.

나의 이런 말이 불합리하게 들리는가? 내가 볼 때, 절대 그렇지 않다. 왜냐하면 세상의 규범에 모든 사람을 적응시키려는 노력이 무척 많았음에도 불구하고 사람들이 행복해지지 않았기 때문이다.

완전한 규범이 되시는 그리스도

세상의 규범을 따르면 행복과 만족을 얻을 수 있다는 철학은 완전히 엉터리이다. 세상은 자기가 어디로 가고 있는지 모른다. 세상은 인생의 최고선을 발견하지 못했다. 세상은 사회의 구성원들이 따라야 할 규범을 제시할 자격이 없다. 오히려 세상은 당혹과 두려움과 좌절에 빠져 있다. 세대가 거듭되는 가운데 실망하고 마음에 병이 든 세상은 불확실한 미래를 향해 지친 발걸음을 옮길 뿐이다.

이런 세상을 구원하기 위해 예수 그리스도께서 세상으로 오셨다. 그분은 세상의 죄를 위해 죽으셨지만 이제는 영원히 살아계신다. 세상을 거부하고 세상의 가치관을 믿지 않고 오직 그분만을 신뢰하는 모든 사람들은 그분에게서 구원을 발견한다.

예수 그리스도로부터 구원을 찾은 사람들은 더 이상 사회의 규범에 적응하려고 애쓰지 않는다. 그들은 세상을 부정하고 새로운 모범에 따라 그들의 삶을 만들어나가는 길을 선택했다. 물론 세상 사람들은 그들의 이런 선택을 좋아하지 않는다. 세상 사람들은 위로와 복과 평안을 바라지만 세상과의 철저한 혁명적인 단절을 원하지는 않는다. 그들은 그런 단절이 너무 심하다고 생각하기 때문에 받아들이지 못한다.

푯대를 향하여

그리스도인은 그를 세뇌시키려는 세상의 노력에 반기를 들었지만 그렇다고 해서 그가 반대를 위한 반대를 하는 것은 아니다. 그가 세상에 반대하는 것은 세상의 철학으로는 인간이 행복할 수 없다는 것을 알기 때문이다. 그는 과거에 세상의 쾌락을 맛보았지만 그 쾌락이 결국에는 더 큰 고통을 낳는다는 것을 알게 되었고, 그 후 주님 안에서 진정한 행복을 발견했다. 지혜로운 자들이 증언하는 그 진정한 행복은 슬픔이 없는 풍성한 삶으로 우리를 인도해준다.

물론, 그리스도인이 모든 규범에서 벗어나는 것은 아니다. 그가 적응해야 할 새로운 규범이 생기는데 그리스도 자신이 바로 그 규범이시다. 그분을 경배하는 사람은 완전히 이상적인 모범이신 그분을 닮길 갈망한다. 그리스도인의 삶을 움직이는 추진력은 그분의 형상을 닮고자 하는 이 갈망이다. 거듭나지 못한 세상 사람들의 규범에 저항하는 반기를 얼마나 높이 올리느냐 하는 것은 그리스도를 닮으려는 열망이 얼마나 강하냐에 따라 좌우된다.

이런 열망의 고전적 표현은 빌립보서에 나타난 바울의 아름다운 고백에서 발견된다. 그의 고백은 "무엇이든지 내게 유익하던 것을 내가 그리스도를 위하여 다 해로 여길뿐더러"(빌 3:7)라는 말로 시작하여 "푯대를 향하여 그리스도 예수 안에서 하나님이 위에서 부르신 부름의 상을 위하여 달려가노라"(빌 3:14)라는 열정적 선언으로 끝난다.

예수 방향으로 가라

초판 1쇄 발행	2013년 7월 5일
초판 6쇄 발행	2021년 7월 15일

지은이	A. W. 토저
옮긴이	이용복

펴낸이	여진구
편집	이영주 기은혜 정선경 최현수 안수경 김도연 최은정 김아진 정아혜
디자인	마영애 노지현 조아라 조은혜

기획·홍보	김영하	해외저작권	기은혜
마케팅	김상순, 강성민, 허병용	마케팅지원	최영배, 정나영
제작	조영석, 정도봉	경영지원	김혜경, 김경희

303비전성경암송학교 유니게과정 박정숙 최경식
이슬비전도학교 / 303비전성경암송학교 / 303비전꿈나무장학회 여운학

펴낸곳	규장

주소 06770 서울시 서초구 매헌로 16길 20(양재2동) 규장선교센터
전화 02)578-0003 팩스 02)578-7332
이메일 kyujang0691@gmail.com 홈페이지 www.kyujang.com
페이스북 facebook.com/kyujangbook 인스타그램 instagram.com/kyujang_com
카카오스토리 story.kakao.com/kyujangbook
등록일 1978.8.14. 제1-22

ⓒ 한국어 판권은 규장에 있습니다.
이 출판물은 저작권법에 의해 보호를 받는 저작물이므로 무단 전재와 무단 복제를 할 수 없습니다.

책값 뒤표지에 있습니다.
ISBN 978-89-6097-308-4 03230

규 | 장 | 수 | 칙

1. 기도로 기획하고 기도로 제작한다.
2. 오직 그리스도의 성품을 사모하는 독자가 원하고 필요로 하는 책만을 출판한다.
3. 한 활자 한 문장에 온 정성을 쏟는다.
4. 성실과 정화를 생명으로 삼고 일한다.
5. 긍정적이며 적극적인 신앙과 신행일치에의 안내자의 사명을 다한다.
6. 충고와 조언을 항상 감사로 경청한다.
7. 지상목표는 문서선교에 있다.

하나님을 사랑하는 자 곧 그의 뜻대로 부르심을 입은 자들에게는 모든 것이 合力하여 善을 이루느니라(롬 8:28)

Member of the
Evangelical Christian
Publishers Association

규장은 문서를 통해 복음전파와 신앙교육에 주력하는 국제적 출판사들의
협의체인 복음주의출판협회(E.C.P.A:Evangelical Christian Publishers
Association)의 출판정신에 동참하는 회원(Associate Member)입니다.